행복한 나의 미래를 돌보는 엔딩 맵

혼자
죽는 준비를
단단히 해야
합니다

행복한 나의 미래를 돌보는 엔딩 맵

혼자
죽는 준비를
단단히 해야
합니다

● 서윤미 지음 ●

'나혼산'의 시대,
고독사가 싫다면?

통계청이 2024년에 발표한 통계에 따르면, 1인 가구, 즉, 혼자 사는 사람이 전체 가구 중 35.5%라고 한다. 전체 가구의 3분의 1이 혼자 사는, 그야말로 '나혼산(TV 프로그램 〈나 혼자 산다〉)'의 시대. 심지어 조사 시점인 2023년의 30년 후인 2052년에는 41.3%에 이른다는 예측이 나왔다. 10가구 중 4가구는 혼자 사는 1인 가구다. 이것도 예측치에 불과하고, 좋은 것이든 나쁜 것이든, 빠른 것에 진심인 우리나라는 이 예측치도 훌쩍 뛰어넘는 속도를 보여줄 수도 있다.

감이 오지 않는가? 쉽게 이야기해 보자. 아파트 한 라인이 10층이고, 각층 마다 2세대가 거주한다면, 모두 20세대다. 약,

1층에서 4층까지 양쪽 세대 모두 혼자 사는 사람들이 거주한다는 말이다.

한국 사회는 혼자 살아가는 사람에게 친절하지 않다. 심지어 가혹하기까지 하다. 근로소득공제부터 의료보험료, 주택청약, 공공 임대아파트 청약까지 거의 모든 복지 혜택에서 부양가족이 있는 사람들에게 우선순위가 밀리고, 혜택 대상에서 빠진다. 하다못해 영화, 놀이공원 등의 문화생활에서도 가족, 커플들의 혜택만 펼쳐져 있다. 1인용 자리가 늘어났다고는 하지만, 식당에서 혼자 밥 먹는 것마저 찬밥 신세인 경우가 아직도 많다. 고기 3인분 먹겠다는 의지를 다져도 혼자라는 사실만으로 환영받지 못하는 손님이 된다.

한국에서 '혼자 산다는 것'은 '살면서 억울한 일을 당할 확률이 동거가족이 있는 사람들보다 훨씬 많다'와 같은 말이다. 그중 가장 억울한 일 한 가지만 꼽으라면, 단연코 '고독사'일 것이다.

혼자 살다가 겪게 되는 불의의 사고들, 그 사고들과 이어지는 죽음에 대한 두려움이 아마도 가장 큰 어려움일 텐데, 혼자 사는 사람들은 이런 갑작스러운 사고를 맞닥트렸을 때 어떻게 해야 하며, 그 삶의 끝인 죽음은 어떻게 맞이해야 할까? 이 질문에 자신 있게 답할 수 있는 사람은 얼마나 될까? 아마도 무섭고 두려운 감정만 앞설 뿐 아직 자신만의 플랜을 세우지 못한 사람들이 대부분일 것이다. 이런 부정적인 예단은 죽음을 금기시하는 한국의 문화를 보면 터무니없는 결론은 아닐 것이다. '피곤해 죽겠어', '짜증 나 죽겠어' 하면서 죽겠다는 무서운 말만 엄청나게 자주 쓰면서도, 정작 죽음을 대면하는 과정에 대해서는 '복 달아난다', '재수 없다' 등의 표현으로 언급을 꺼린다.

이제, 혼자 살아가는 사람이 앞으로 한국 사회를 주도적으로 변화시키는 강력한 구성원이 되었음을 인정해야 한다. 그리고 현재의 삶을 압도하는 막연한 두려움에 맞서서 방법을 찾아야 할 때가 되었다. '지금 나는 가족이 있으니까, 동거인이 있으니까'라는 생각으로 이 문제를 지금처럼 계속 도외시한다면, 다음 세대에 미칠 악영향은 가늠조차 할 수 없다. 아니, 다음 세대뿐만이 아니라, 지금 세대부터도 삶의 지속성에 악영향을 미칠 것이 분명하다.

'엔딩 맵ending map'은 한때 수면 위로 올랐던 '웰다잉well-dying' 열풍처럼, 유언장 한번 써 보고 끝내는 단순한 이벤트성 체험이 아니다. 실제로 죽음을 준비하는 과정이, 사실은 현재의 내 삶을 더 풍요롭게 잘 살 수 있도록 도와주는 과정임을 깨닫는 도구다. 누구나, 언제든, 1인 가구가 될 수 있다. 원하든, 원치 않든, 숨을 거두는 순간만큼은 철저히 혼자다. 당신이 생을 마무리하는 그 순간, 가족이나 가까운 지인이 당신 옆을 항상 지켜줄 거라는 믿음은 오만에 가깝다. 벌거벗고 이 세상에 나왔듯, 이생을 마무리하는 순간에도 당신은 철저히 혼자이며, 벌거숭이다. 다음 책장을 넘기는 순간부터, 당신 자신의 죽음을 준비하는 동시에, 지금과는 전혀 다른 새로운 삶이 시작되기를 간절히 기대한다.

죽음에 대한 두려움은 삶에 대한 두려움에서 비롯된다. 온전히 사는 사람은 언제든 죽음을 맞이할 준비가 되어 있다.

(The fear of death follows from the fear of life. A man who lives fully is prepared to die at any time.)

– 마크 트웨인, 《얼간이 윌슨Pudd'nhead Wilson》 19장

◆ 차 례 ◆

1장

나 혼자 살고,
나 혼자 죽을래

혼자 사는 당신,
준비되어 있나요?

혼자 사는 1인 가구에 대한 내 관심은 순전히 개인적인 경험 때문이다.

　어머니는 팔순이 훌쩍 넘었고, 아버지는 세상을 뜬 지 오래되었다. 어머니는 아버지가 돌아가신 후에 혼자서 살겠다고 고집을 부렸고, 이미 가정을 꾸린 오빠와 나는 어머니를 어떻게 모셔야 할지 늘 결론 없는 대화를 나누곤 했다. 어머니는 동네 지인들과 교류하면서 가끔 우리 형제의 집에 놀러 오는 것을 낙으로 삼았다. 하룻밤 주무시고 가라고 해도, 한사코 말을 듣지 않고 다시 집으로 갔다.

그러던 어느 날, 어머니는 밤중에 화장실을 가려고 침대에서 몸을 일으키다가 낙상했고, 쇄골을 침대 모서리에 찧어, 부러지는 사고가 발생했다. 오빠와 내가 걱정했던 사고가 일어나면서 어머니는 병원에 입원하게 되었다. 그런데 우리를 가슴 아프게 했던 것은 어머니가 낙상 후에 극심한 고통을 겪으면서도, 움직일 수가 없어 가족이나 119에 전화조차 할 수 없이 긴 밤을 홀로 지새웠다는 사실이다.

만약에 누군가와 같이 살고 있었다면, 바로 응급실에 가거나, 도움을 요청하는 전화라도 했을 것이다. 이는 남녀노소를 가리지 않고, 혼자서 살고 있다면 누구라도 겪을 수 있는 일이다. 어머니는 혼자서 고통을 끌어안고 버텨야 했던 긴 밤을 보내고 난 후, 혼자 사는 것에 두려움을 가지게 된 것 같다. 결국, 오빠와 내 집에서 한 달씩 요양한 뒤 집으로 돌아갔지만, 늦은 밤이나 이른 아침에 우리에게 전화를 거는 일이 잦아졌다. 우리도 먼저 전화를 걸기도 하면서, 서로의 안부를 확인하는 일이 일상이 되었다.

그로부터 얼마 지나지 않아, 부고장이 날아왔다. 예전 학교에서 같이 근무했던 선생님이 뇌졸중의 신호인 편마비(몸 한쪽이 마비되는 증상)를 겪고 휴직 중에 갑자기 사고사했다는 것이다. 황망한 마음으로 장례식장을 방문했는데, 뜻하지 않게 싸움으로 아수라장이 된 장례를 목격하게 되었다.

"아니, 이제는 형부도 아닌 사람이 무슨 재산을 바라고 여길 왔냐고요!"

"처제, 말을 그렇게 함부로 하는 건 아니지. 언니랑 내가 법적으로 남남도 아니고, 내가 못 올 데 온 거야? 처제야말로 아무 상관도 없는 처가 식구잖아! 내가 여기 상주 역할 하는 게 불법이야?"

"아픈 언니 내팽개치고 다른 여자랑 바람나서 살고 있으면 그 여자랑 잘 먹고 잘살 것이지, 여기에 얻어먹을 거 있어서 왔어요? 언니 재산, 단 한 푼도 못 가져갈 줄 알아요!"

옥신각신 끝에, 고인이 된 선생님의 남편이 자리를 뜨고서야 한바탕 시끄러운 소동이 끝났다. 나중에 동료 선생님에게 이야기를 전해 들었다.

고인이 되신 선생님은 박봉인 교사 월급이지만, 알뜰히 모아 재테크로 부동산을 많이 소유하고 있었다. 비교적 늦은 나이에 결혼했고, 얼마 안 있다가 뇌졸중이 와서 부작용으로 편마비를 앓게 되었다. 그러자, 남편은 기다렸다는 듯이 간병 대신 외도를 선택했고, 선생님은 시끄러운 소송보다 조용한 합의 이혼을 결심했다. 선생님은 이혼 합의서를 작성했으나, 바로 법원에 제출하지 않고 화장대 서랍 안에 넣은 채 시간이 흘렀다. 아마 선생님은 자신에게 연달아 찾아온 불행을 이성적으로는 받아들였으나, 감정적으로는 수용하는 데 많은 시간이 필요했을 것이다.

친정 식구들의 간병으로 어렵게 투병 생활을 이어가던 중, 선생님은 불의의 사고로 사망했다. 뒤늦게 이 소식을 들은 남편은 자신이 법정 상속자임을 주장하며, 상주 역할을 하려고 했던 것이 장례식장 소동의 전말이다.

선생님의 죽음은 여러 면에서 안타까웠다. 젊은 나이에 뇌졸중이라는 병을 얻은 것도 평범한 사람은 감당하기 어려운 일인데, 배우자가 외도를 저질렀다는 것은 어쩌면 질병보다 더 큰 불행인지도 모른다. 늦은 나이에 시작한 결혼생활이었지만, 다시 혼자가 돼야 했다. 게다가 사후에도 자신이 남긴 재산을 둘러싼 다툼으로 순탄치 않은 법정 공방이 예상되었다. 이와 같은 일이 나, 혹은 주변 사람들에게 일어나지 않으리란 보장이 없다. 현실은 언제나 드라마를 넘어선 비현실성이 있다.

그 후, 내게 한가지 습관이 생겼다.

그것은 바로 혼자 지내고 있는 지인들에게 수시로 전화를 걸거나, 문자를 보내는 것이었다. 우스갯소리로 생존 신고할 시간이라며, 잘 지내고 있는 그들을 귀찮게 했다. 그리고 '소 잃고 외양간 고친다'라는 속담을 자주 인용하며, 항상 미리미리 대비하라는 말을 입에 달고 살았다.

그러나 아쉬운 것은, 이 말을 진지하게 받아들여야 하는 1인 가구는 바쁜 나머지 정작 귀를 기울이지 못하고, 이미 결혼했거나 동거 상태인 사람들만 혼자 남는 생활에 두려움을 느낀다는 것이다.

막연한
불안함의 끝

내 주변에 부쩍 1인 가구가 늘었다. 챙겨야 할 지인들이 많아졌다. 그들은 각자의 사연으로 혼자 살고 있다. 자의든 타의든 비혼으로 살고 있거나, 결혼했다가 자녀 없이 이혼, 혹은 가족들이 뿔뿔이 흩어져 어쩔 수 없이 혼자 살게 된 경우이다. 그들에게 주기적으로 안부 전화하다 보면, 내게 막연히 불안하게 느끼는 순간들에 대해 털어놓기도 한다.

"이렇게 일만 하다가 혼자 집에 있을 때, 갑자기 쓰러지면 어떡하지? 네가 안부 전화 좀 1주일에 두 번씩 해줘."

"조카가 너무 예쁘지만, 오빠랑 새언니가 은근히 내 재산은 모두 조카 거라는 농담을 해서 불편해."

"어느 날 갑자기 치매가 찾아오면, 누가 내 상태를 알아채고, 병원에 보내주지? 벽에다 X칠하는 것도, 누가 봐야 아는 거잖아."

"화장실 세면대를 고쳐야 할 것 같은데, 나 혼자 있어서 아저씨를 집에 들이기가 무서워, 남자 구두라도 현관에 갖다 놔야 할까?"

"너무 아파서 응급실에 가려는데, 내 힘으로 옷을 못 입거나, 너무 초췌한 모습으로 나가기는 싫은데 어쩌지?"

그들은 혼자 맞이하는 위급한 상황에 대해 걱정하고 있지만, 그렇다고 뭔가 뾰족한 수가 있어 보이진 않았다.

고독사의 용어 자체가 혼자 죽는 것에 대해 부정적인 사회 인식을 대변하고 있다. 내 인생의 전부가 고독사 한마디로 정리되다니, 자신의 인생이 고독하지 않았다고 주장하고 싶어도 죽은 뒤에는 소용없는 반론이다.

우리가 매체에서 접하는 고독사란, 아주 작은 고시원에서 소주병이나 컵라면 용기 등등 생활 집기들이 너저분하게 널려 있고, 혼자서 매우 궁핍하게 지내다가 유서를 남기고 자살하거나, 아니면 예기치 못한 사고가 그대로 죽음으로 이어지는 경우들이다. 만약, 중산층으로 보이는 아파트에서 평범한 사회생활을 하고, 독신의 여유로움을 즐기다가 갑자기 사망하는 경우는 고독사라고 할 수 있을까?

이제 우리는 이미 사회의 큰 부분을 차지하는 1인 가구의 삶과 죽음에 대해, 기존과는 다른 시각으로 보고, 재조명해야 할 시기가 왔다고 생각한다. 비단, 우리의 10년 앞을 보여준 다는 일본의 사례를 굳이 거론하지 않더라도, 우리는 그들보다 더욱 빠른 속도로 1인 가구 시대와 초고령사회를 향해 돌진하고 있다. 따라서 우리 사회만의 특성을 고려한 새로운 시각과 대응 방법이 필요하다.

비단 고독사뿐만이 아니다. 동거인 유무를 떠나서, 한국 사회는 죽음 자체에 대한 담론은 금기시하고, 미래의 삶의 계획에만 관심이 있어 보인다.

내가 어렸을 때, 정말 초등학생의 천진난만함으로 어머니에게 질문했다가, 오히려 야단을 맞은 일이 아직도 기억난다.

"엄마, 사람은 왜 죽어요? 죽으면 어떻게 되나요?"

"아침부터 그런 말을 입에 올리는 거 아니야!"

그때의 기억으로 나는 죽음에 대해 언급하는 것을 꺼렸고,

그 비슷한 무엇이라도 말을 꺼내게 되면, 젊은 사람이 부정적으로 얘기한다고 지탄받아야 했다.

나는 늘 궁금했다. 누구나 한 번은 죽을 텐데, 왜 아무도 죽음에 대해서 편하게 얘기하지 못할까? 죽음을 입에 올리면 정말 재수가 없어지는 걸까? 진짜 입에 올리자마자 죽기라도 하는 것일까?

죽음은 남녀노소, 가정이 있거나 없거나, 모두에게 공평하게 찾아온다. 요즘엔 '웰다잉'이란 용어도 많이 쓰이고, 사회적인 트렌드가 되었다. 그러나 여전히 사람들은 잘 사는 것에만 관심이 많고, 입에도 올리기 흉한 죽음은 쉬쉬하며 덮어둔다. 특히, 어린이나 청소년들을 대상으로 한 웰다잉 교육은 한국에서 들어 보지 못했다. 가족이 죽음을 앞둔 상황에서 어린이들에게는 쉬쉬하며 그들에게 충격을 주지 않으려는 자신들의 의도와는 달리, 어린이들은 죽음에 대해 왜곡되고 부정적인 감정을 지니고 성장하는 과정에 많은 상처와 슬픔을 안고 살수도 있다. 앞으로 잘 살기 위한 입시 교육이나, 경제교육 등등은 시장도 크지만, 죽음을 거론하는 업계의 시장은 적다.

사람들은 무언가를 결정하고, 선택할 때, 마치 영원히 사는 사람들처럼 행동한다. 주거 안정을 위해 아파트를 사야 하고,

노후 대비를 위해 돈을 모으고, 건강하고 오래 지속되는 삶을 계획하는 데에 노력을 쏟는다. 서점에 놓인 책과 수많은 유튜브 채널 속의 사람들은 영원히 지속될 것만 같은 찬란한 미래를 준비하라고 외친다.

그러나, 사고와 죽음은 누구도 예상할 수 없는 때에, 가장 황당한 모습으로 찾아온다. 반려자를 만나 가정을 꾸린 이들도 배우자에게 사고가 생겼을 때, 우왕좌왕 헤매기 마련이다. 하물며 비혼으로 사는 이들은 단순한 화상이나, 낙상에도 속절없이 죽음으로까지 이르게 되는 상황을 지켜봐야만 하는 것일까.

예전 학교에서 근무했을 때 일이다. 50대의 비혼 여자 선생님이었는데, 평소 꾸밈없는 성격으로 동료 선생님들과 잘 어울렸었다. 추운 날, 집에서 전기장판을 켜고 자던 중, 처음에는 온도를 높게 설정해서 누워있다가, 따뜻해지면 온도를 줄일 요량이었는데, 그만 깜박 잠이 든 모양이었다. 자다가 너무 뜨거워서 일어나 보니, 그때는 이미 등과 엉덩이, 다리 등 전기장판과 닿아 있던 살들이 화상을 입은 후였다. 일어나서 119를 부르고 싶었으나, 혼자서는 움직일 수 없었다. 등과 엉덩이는 이미 살가죽이 물러진 상태여서, 홀로 긴 시간 동안 사투를 벌이다가 어찌어찌 119구급대의 도움을 받아 응급실로 이송되었다고 한다. 만약에 구조의 손길이 조금이라도 더 늦었다면, 선생님이 어떤 상황을 겪을지 알 수 없는 노릇이다.

그 일은 선생님에게 화상만 입힌 게 아니라, 정신적인 트라우마도 같이 남겼다. 병원에 가서 본 선생님은 여전히, 뜨거운 전기장판에서 몸부림쳤던 그때의 잔혹한 기억에서 머물러 있었다.

고독사의 증가

2024년 기준으로 1인 가구는 전체 가구의 약 35.5%를 차지한다. 놀라운 수치이다. 그뿐만 아니라 1인 가구의 수가 전 연령별로 고르게 계속 증가하고 있음을 보여주는데, 한국 사회에서 1인 가구가 매우 일상적이고 중요한 구성원으로 자리 잡고 있음을 시사한다.

통계청이 2024년 9월에 발표한 〈장래가구추계(전국편): 2022~2052년〉에 따르면(자료 3 참조), 30년 뒤인 2052년 우리나라의 1인 가구 비중이 무려 41.3%에 달할 것이란 전망이 나왔

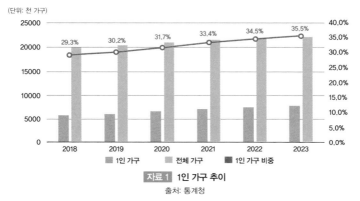

(단위: 천 가구)

자료 1 1인 가구 추이
출처: 통계청

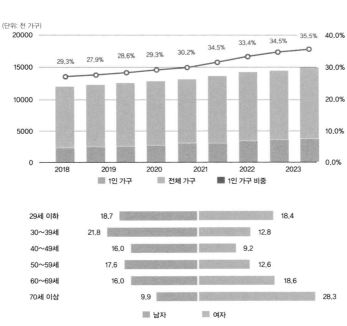

(단위: 천 가구)

29세 이하   18.7   18.4
30~39세   21.8   12.8
40~49세   16.0   9.2
50~59세   17.6   12.6
60~69세   16.0   18.6
70세 이상   9.9   28.3

■ 남자   ■ 여자

자료 2 1인 가구 및 비중(상), 1인 가구 성·연령대별 비중(2023)(하)
출처: 통계청, 〈인구주택총조사〉

다. 10가구 중 4가구는 1인 가구라는 의미다. 특히, 1인 가구 중
60세 이상 고령 가구 비중이 60.3%에 달할 것으로 예상된다.

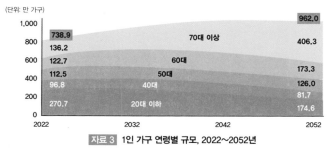

(단위: 만 가구)

자료 3 1인 가구 연령별 규모, 2022~2052년

출처: 통계청, 〈장래가구추계: 2022~2052년〉

　　주변을 조금만 둘러보아도, 단순히 예전의 혼기를 놓친 노총
각, 노처녀가 아니라, 중년, 노년의 1인 가구가 많아졌다. 1인
가구를 구성하게 된 동기도, 형태도 매우 다양해졌다. 그들의
삶은 나름대로 만족스럽게 보이기도 하지만, 언제 어떤 모습
으로 찾아올지 모르는 죽음에 대한 대비는 잘 되어 있을까? 아
니, 죽음이 언젠가 자신을 불쑥 찾아올 것을 예상하는 걸까?
　　정부 차원의 고독사 현황을 집계해 발표한 〈2024년 고독사 실
태조사〉를 보면, 사망자는 2022년 3,559명, 2023년 3,661명으
로 가장 최근 조사였던 2021년 3,378명 대비 다소 증가한 것으
로 나타났다. 특히 연령대별로는 60대(1,146명)가 가장 많았고,

다음으로 50대(1,097명), 40대(502명), 70대(470명) 순이었으며, 그
가운데 50·60대 남성이 고독사 위험에 특히 취약했다(53.9%).
또 성별로는 남성 고독사가 여성 고독사보다 많아 남성이 상
대적으로 고독사에 취약했다.

보건복지부는 2024년 10월에 최근 2년간(2022~2023년) 우리나
라에서 발생한 고독사 현황 및 특징을 조사한 〈2024년 고독사
사망자 실태조사 결과〉를 발표했다. 이 중 조사·분석 주관기관
이 한국사회보장정보원 고독사예방조사연구센터로 바뀐 점이
눈에 띈다. 고독사는 2023년에도 여전히 증가 추세임을 알 수
있다.

(단위: 명, %)

구분	2017	2018	2019	2020	2021	2022	2023	17~21 연평균 증가율	19~23 연평균 증가율
고독사 사망자 수	2,412	3,048	2,949	3,279	3,378	3,559	3,661	8.8	5.6
전년대비 증감율	–	26.4	△3.3	11.2	3.0	5.4	2.9		

자료 4 고독사 사망자수 전년 대비 증감율 및 연평균 증가율
출처: 보건복지부, 〈2024년 고독사 사망자 실태조사〉

고독사인지 구별해 낼 수 있는 분류 기준이 아직 명확하지 않
고, 이전까지 고독사를 추려낼 수 있는 표본과 지표조차 없었던
걸 고려하면, 실제 고독사의 증가 곡선은 더욱 가파를 수도 있다.

고독사孤獨死는 사전적으로, 홀로 사는 사람이 가족이나 주변

인의 도움 없이 사망한 후 오랜 시간 발견되지 않는 죽음을 뜻한다. 고독사는 주로 고령자나 1인 가구에서 많이 발생하며, 사회적 고립과 빈곤이 중요한 원인으로 꼽히지만 실상 원인은 매우 다양할 것이다.

고독사의 증가로 인해, 사람들이 자신의 노후나 고독에 대한 불안감을 느끼게 되고 이러한 두려움은 개인적 고립을 심화시킬 수 있다. 특히, 고령자들의 경우, 적절한 사회적 지원을 받지 못하면, 이로 인한 고독사는 더 빈번하게 발생할 것이다. 독거노인과 1인 가구를 위한 장기적인 사회적 보호 장치가 미비하면, 이는 사회 전체의 복지 시스템에 부담을 주고, 부정적인 영향을 미칠 수 있다.

(단위: %)

구분	19세 이하	20대	30대	40대	50대	60대	70대	80대 이상	계
2017년	0.0	2.3	6.5	18.8	33.6	21.5	12.0	5.2	100
2018년	0.0	1.8	6.3	16.0	31.3	25.4	13.2	6.0	100
2019년	0.0	1.9	5.7	18.0	30.7	24.4	13.1	6.2	100
2020년	0.0	1.4	4.9	14.6	32.3	28.5	11.8	6.5	100
2021년	0.1	1.6	4.9	15.7	29.9	29.3	12.6	6.1	100
2022년	0.0	1.7	4.2	14.8	30.4	31.4	12.2	5.3	100
2018년	0.0	1.2	4.6	13.8	30.2	31.6	13.0	5.7	100

* 연령 미상(경찰청 형사사법정보에 연령대를 확인할 수 있는 정보가 없는 경우) 제외
 : (2022년) 20명, (2023년) 33명

자료 5 **고독사 연령대별 비중**

출처: 보건복지부, 〈2024년 고독사 사망자 실태조사〉

우리나라에서 고독사는 여전히, 개인이 가족이나 사회와의 관계를 맺지 못한 부정적인 결과로 여겨지고 있다. 그러나 고독사 증가의 원인은 공동체 내에서 사회적 유대가 약해진 결과임을 깨닫고 사회 전체의 문제로 인식할 필요가 있다.

1인 가구의 증가와 관련하여 고독사, 그중에서도 자살률이 높아지는 현상은 [자료 6]에서 잘 나타난다. 청년층 1인 가구가 급증하는 상황에서 10~30대는 고독사 중에서도 자살로 생을 마감하는 비중이 높은 양상도 드러났다. 고독사 사망자 중 자살 사망이 차지하는 비중은 2022년 13.9%(495명), 2023년 14.1%(516명)로 분석되어 2021년 16.9%(571명)보다 다소 줄어

구분	2017년	2018년	2019년	2020년	2021년	2022년	2023년
계	463	567	576	541	571	495	516
19세 이하	1	1	1	0	2	1	0
20대	32	29	29	28	30	43	25
30대	70	85	63	69	66	75	72
40대	116	120	156	122	137	125	129
50대	110	159	151	172	169	129	155
60대	81	95	110	104	105	94	95
70대	27	38	39	30	43	22	23
80대 이상	7	19	13	8	14	4	14
미상	19	21	14	8	5	2	3

* 미상은 경찰청 형사사법정보에 연령대에 대한 정보가 없는 경우를 의미

자료 6 **연령대별 고독사 사망자 중 자살 사망자 수**

출처: 보건복지부, 〈2024년 고독사 사망자 실태조사〉

들었다. 2022년과 2023년 모두 노동 인구 중 핵심적 연령대의 자살로 인한 고독사의 비중이 높은 것으로 집계되어 자살 예방정책과 연계가 필요함이 확인되었다.

1인 가구의 고독사, 그중 자살로 생을 마감하는 비중이 젊은 층에서 높은 이유는 무엇일까? 사회에 대한 탐색이 가장 활발한 시기의 자살은 아마도 사회적 고립감과 외로움이 가장 큰 원인일 것이다. 젊은 층은 학교나 직장에서 공동체로서의 연대감을 기대할 수 없거나, 경제적 어려움 등으로 인간관계를 유지하는 데 어려움을 겪는 예가 많다. 이는 자존감 저하와 고립감을 심화시켜 자살 충동을 일으킬 수 있다.

또한, 청년 실업률 증가와 더불어 비정규직의 확대, 높은 주거비, 학자금 대출 부담 등으로 인해 젊은 층의 경제적 불안이 크게 높아졌다. 사회적 기준에 부응하지 못하거나, 스스로 높은 목표를 설정하고 그것을 이루지 못할 때, 자존감이 낮아지고 좌절감을 느끼기 쉽다.

현대 사회는 소셜 미디어와 같은 디지털 플랫폼을 통해 연결되어 있지만, 실제 인간관계는 더욱 불안정해지고 얕아지고 있다. 젊은 세대는 온라인에서의 관계에 의존하는 경우가 많지만, 이 관계는 현실 세계에서의 깊은 유대감이나 정서적 지지를 제공하기 어렵다.

　고독사로 귀결되는 젊은이들의 짧은 여정은 기성세대의 잘못이 크다. 부모는 자식에게 다 너를 위한 일이라는 말로 포장하며, 태어나자마자 경쟁과 비교의 세계에 아이를 밀어 넣고, 조금만 낙오되면 살 가치가 없는 것처럼 존재 자체를 부정한다. 다 같이 잘 사는 세상보다 자신만이 특별하게 대우받는 세상을 원하며, 출발선 자체가 뒤처진 젊은이들을 부축하고 끌고 갈 생각조차 없다. 기댈 데가 없는 젊은이들의 마지막 선택은 홀로 생을 마감하는 것이다. 이는 매우 정성적인 지표이기 때문에 아마도, 통계 밖으로 벗어나 있는 젊은이들의 고독사가 훨씬 많을 것이라 예상된다. 앞으로 젊은이들의 고독사가 매우 높은 비율로 자살이라는 점에 특히 주목해야 할 필요가 있고, 이들을 위한 안전망 구축에 더욱 힘써야 한다.

　현재, 정부와 지방자치단체는 정기적인 복지 점검, 노인 대상의 사회적 연결 프로그램, 고독사 방지법 제정 등 고독사 예방을 위한 정책을 강화하고 있다. 그러나 고독사, 그중에서도 젊은 층에서 여전히 자살률이 증가하는 사회적 현상은 매우 위험하다. 이는 우리 사회에서 복지의 손길이 닿지 않는 사각지대가 존재한다는 방증이다.

죽음을
계획하는 사람들

1인 가구의 경우, 자신이 미리 사고나 임종을 계획하여 자신의 마지막 여정이 존엄성 있게 끝나기를 원하더라도, 막상 이를 의논하거나 도와줄 사람을 찾기 어려운 게 현실이다. 같이 동거하는 가족이 있어도 그 처리 과정이 정신없는데, 1인 가구의 경우는 더욱 문제가 된다. 누가 나의 마지막 여정을 함께할까?

내가 미리 임종을 설계하고, 자신이 죽은 뒤에도 그 설계대로 임종이 이루어진다는 믿음이 있다면, 오히려 남은 삶에 대해 안정적으로 계획하고, 알차게 보낼 수 있지 않을까?

이제 우리나라도 1인 가구의 삶에 관심을 기울일 때다. 아니, 1인 가구의 폭발적 증가라는 거대한 시류에 떠밀려 꼭 해야만 하는 때가 왔다. 지금 시작하지 않으면 내 주변에서 실제로 있었던 위의 사례들처럼, 허둥지둥 죽음을 향해 돌진해야 할지도 모른다.

이제, 우리는 1인 가구의 삶과 죽음에 주목해야 한다. 내가 홀로 남겨질 수도 있고, 나의 부재로 내 가족이 홀로 남겨질 수도 있다. 누구도, 인생의 마지막에 혼자 남겨지는 것을 피할 수 없다. 그리고, 마지막으로 가는 여정은 항상 혼자이다.

살아있음에 대해 감사하고, 하루하루를 성실히 사는 것은 물론, 갑자기 찾아올 삶의 마지막에 대해 미리 준비해야 한다. 살아있으면서 죽음을 계획하는 것이 더 이상 금기가 아니다. 살아서 나의 마지막 여정을 준비하고, 갑자기 죽음이 찾아오더라도, 미리 계획한 대로 인생이 마무리되는 것이 모두가 진정 바라는 존엄한 죽음이 아닐까?

2장

1인 가구
시대를 산다

1인 가구는
왜 증가할까?

현재, 1인 가구는 폭발적으로 늘어나고, 출생률은 사상 최저로 떨어지고 있으며, 2025년에는 한국 사회가 초고령사회에 진입한다고 한다. 한국은 지금, 한가지로 설명이 어려운 복잡한 사회적 현상들이 얽혀 있다.

　1인 가구의 증가는 혼인율 감소와 초혼 연령 지체에 따른 미혼 독신가구의 증가, 이혼이나 별거에 따른 단독가구의 증가, 그리고 고령화에 따른 노인 단독가구의 증가 등에 기인한다. 1인 가구는 2000년대 들어 크게 늘었다. 1인 가구의 비율

		1970	1980	1990	2000	2010	2015	2016	2017	2018	2019	2020	2021	2022	2023
가구수(천 가구)		5,576	7,969	11,355	14,312	17,339	19,111	19,368	19,674	19,978	20,343	20,927	21,448	21,774	22,073
가구원수 별 가구 구성(%)	1인 가구	–	4.8	9.0	15.5	23.9	27.2	27.9	28.6	29.3	30.2	31.7	33.4	34.5	35.5
	2인 가구	9.7	10.5	9.0	19.1	24.3	26.1	26.2	26.7	27.3	27.8	28.0	28.3	28.8	28.8
	3인 가구	13.3	14.5	19.1	20.9	21.3	21.5	21.4	21.2	21.0	20.7	20.1	19.4	19.2	19.0
	4인 가구	15.5	20.3	29.5	31.1	22.5	18.8	18.3	17.7	17.0	16.2	15.6	14.7	13.8	13.3
	5인 가구	17.7	20.0	18.8	10.1	6.2	4.9	4.8	4.5	4.3	3.9	3.6	3.3	3.1	2.9
	6인 이상 가구	43.8	29.8	9.8	3.3	1.8	1.5	1.4	1.3	1.2	1.0	0.9	0.8	0.7	0.6
평균 가구원수(명)		5.2	4.5	3.7	3.1	2.7	2.5	2.5	2.5	2.4	2.4	2.3	2.3	2.2	2.2

자료 7 가구원수별 가구구성과 평균 가구원수

출처: 통계청, 〈인구총조사〉

은 2000년 15.5%에서 2023년 35.5%로 증가하였다. 같은 기간 4인 가구의 비율이 31.1%에서 13.3%로 감소한 것과 대비된다.

저성장 경제

현재의 저성장 경제는 젊은이들이 결혼을 미루거나 결혼을 포기하는 주요 배경 중 하나로 작용하고 있다. 지금의 젊은 세대는 6·25전쟁 이후 부모 세대보다 소득이 낮은 처음 세대이다. 아마도 보이는 것에 치중하고, 현재의 욕구에 충실한 지금 세대들의 세태는 어쩔 수 없는 것일지도 모른다. 결혼해서 집을 장만해 가는 과정이 알콩달콩 재미났던 것은 70년대 초중반에 태어난 사람들까지이다. 그들은 현재 가진 것이 없어도, 작은 월세방에서 시작해서 전세로 옮기고, 집을 장만할 수 있다는 희망이 있었고, 실제로 그것이 가능했다.

나 역시, 남편과 결혼했을 당시에 서로가 가진 돈을 탈탈 털어보니, 1억은커녕 5천만 원을 간신히 넘는 수준이었다. 사회 초년생이기에 모아 놓은 돈이 많지 않았고, 당시에는 부모님에게도 용돈을 드려야 하는 부양에 대한 의무감도 있었다. 우리는 모은 돈이 많지 않았음에도 불구하고, 결혼은 불가능하다고 생각하지는 않았다. 지금 생각으로 보면 참 대책 없는 커플이었다. 그러나 우리 주변에도 자신들이 가진 적은 돈으로도 결혼하는 커플들이 대다수였고, 비혼을 염두에 둔 사람은 많지 않았다. 그만큼 비혼에 대한 인식 자체가 없었던 시절이기도 했다. 우리는 서울 변두리 역세권에 8천만 원으로 전세를 얻었으며, 당시에는 그것도 비교적 앞서 나가는 선택이었다.

1997년 12월 IMF 사태가 있고, 그 이듬해에 취업해야 하는 사람들은 나의 경우와는 또 달랐다. 그들은 수많은 명예퇴직자와 실업자들에 섞여 구직활동을 해야 했으며, 그들의 결혼은 나의 그것과는 양상이 달랐다.

현재 역시 마찬가지다. 코로나 팬데믹을 거쳐 세계 전체가 저성장의 시대로 소득, 직업 안정성, 주거환경 등 여러 경제 수준에서 부모 세대보다 못한 상황에 놓여있다. 아무리 노력해도 부모 세대가 맛봤던 고성장의 단 열매는 절대로 가질 수 없다. 저성장 경제는 부모 세대의 부를 확고히 하고, 계층 간 이동의 벽을 막아버림으로써 경제적 능력이 부모 세대에서 대물림 되고 그 시스템을 더욱 공고히 했다.

1학년부터 학점 관리와 스펙 쌓기에 열중한 학생과 학자금 대출을 받아 4년 내내 각종 아르바이트를 전전한 학생의 출발점은 역전이 불가능할 정도로 다르다. 취업한 후, 자신의 월급은 그대로 저축하고 부모의 용돈으로 생활하는 사회 초년생과 월세 납부, 학자금 상환에 고달픈 사회 초년생의 미래도 마찬가지다.

그 결과, 집을 못 살 바에는 현재 내가 하고 싶은 것에 집중한다는 풍조가 있으며, 집은 없어도 외제 차는 거침없이 구매한다든지, 국내보다는 해외여행을 간다든지 하는 이른바, '가성비'와 '가심비(가격 대비 마음의 만족을 위한 소비)'를 위한 소비에는 머뭇거림이 없다. '결혼은 준비가 된 다음에 하는 것'이라고 생각하고, 결혼 연령은 갈수록 높아진다.

저성장 경제로 인해 고용이 불안정해지고, 젊은이들이 안정적인 직장을 구하는 데 어려움을 겪고 있다. 비정규직, 계약직, 그리고 낮은 임금 등 불안정한 고용 상황이 젊은이들이 결혼을 망설이게 하는 중요한 요인 중 하나다. 안정적인 수입과 직장이 있어야 결혼과 가정 꾸리기를 계획할 수 있는데, 현재의 경제 상황은 이를 어렵게 하고 있다. 안정적인 직장이 있어도 높은 생활비와 미래에 대한 불확실성 등의 몇 가지 요인들은 여전히 젊은이들에게 불안한 미래를 예상하게 한다.

또한, 주택 비용의 가파른 상승은 결혼을 미루는 또 다른 이유로 작용한다. 주택 마련을 위해서는 많은 자금이 필요하지만, 저성장 경제에서는 자산 형성이 어렵기 때문에 주택을 소유하거나 임대할 경제적 여유가 부족하다. 더구나, 끝없이 상승하는 수도권 부동산 가격으로 인해, 이제 막 가족을 이룬 30~40대의 영끌(영혼까지 끌어올리는) 담보대출은 심각한 사회 문제로 대두되고 있다.

영호 씨와 수연 씨, 둘은 어린이집에 다니는 아이를 키우는 맞벌이 부부이다. 둘의 합산 소득은 월 600만 원이며, 부동산

가격 상승기를 겪으며 지금 집을 마련하지 못하면 영원히 가질 수 없다는 절박함에, 무려 집값의 반인 4억 원을 대출받았다. 20년간 원리금 상환계획을 짜고, 이른바 영끌 담보대출을 해서 한 달에 은행에 갚아나가야 하는 돈은 이자율을 3.5%에 원금 170여만 원과 이자 120여만 원, 합해서 290여만 원이다. 둘은 한 달 월급의 절반을 은행에 갚아야 하고, 나머지 절반으로 아이를 키우며 살아야 한다. 둘은 신용카드 돌려막기와 마이너스 대출로 생활자금을 충당하고 있지만, 팍팍한 살림살이에 서로 얼굴을 보며 웃을 수가 없었다. 대출금리 역시, 언제 오를지 알 수 없는 노릇이다.

인간의 기본 권리인 거주권을 지키는 게 매우 어려운 시대가 되었다. 시대의 흐름은 강남 불패, 서울 불패를 외치며, 끝없이 부동산 및 각종 자산의 가격상승을 이끌고, 예전 수도권 국민 평수 아파트와 서울 국민 평수 아파트 간의 격차와 지금의 그것은 게임도 되지 않을 정도로 심한 차이를 만들었다. 이런 세태는 젊은 세대에게 마지막 기회인 이번 열차를 놓치면 더 큰 비용을 지불해야 한다는 경험적 불안감을 조성하면서, 부동산 상승의 마지막 자락에서 너도나도 영끌에 동참하는 결과를 초래했다.

결혼식, 혼수, 주택 마련 등의 결혼과 관련한 비용이 증가하면서 결혼 자체도 큰 경제적 부담으로 작용하고 있다. 스몰 웨딩과 같이 형식을 줄이는 유행도 있지만, 젊은 세대의 결혼식 비용은 어차피 주거 문제를 해결 못 할 바에, 차라리 기념사진이 남는 결혼식이나, 예물, 신혼여행 등을 명품으로 대체하고 싶어 하는 욕구가 강하다. 이른바 '플렉스flex'라고 하는 사회 현상의 예다.

　　우빈 씨와 정인 씨는 예식 날짜를 잡고, 결혼 준비에 한창이다. 두 사람 모두 강남에 직장이 있어서, 회사 근처 오피스텔을 전세로 얻었다. 전세금이 매우 비쌌지만, 신혼부부에게 주어지는 혜택들을 이용해, 전세금의 상당 부분을 대출금으로 충당했다. 두 사람의 첫 공동 자동차로 작지만 예쁜 외제 차를 할부로 구매했다. 신혼여행은 일생에 한 번이므로, 조금 무리해서 유럽으로 가기로 했다. 현지에서 사진을 예쁘게 찍어 줄 사진사도 고용했다. 우빈 씨는 수천만 원에 달하는 명품 시계와 반지를 미리 보아두었고, 정인 씨 역시 수천만 원의 명품 가방과 명품 주얼리 세트를 정해 뒀다. 모두 유럽 현지에서 구매할 계획이다. 친구들의 조언과 경험담을 듣고 오랜 시간 동안 계획을 세웠으며, 나름 합리적인 소비라 자부하고 있다.

젊은 세대의 육아 비용 현실도 부모 세대와 현저히 다르다. 그들은 최고의 브랜드, 최고의 제품과 서비스를 선호하며, 이는 SNS를 통해 계속 재확산 되고, 적은 수의 자녀를 위한 사교육비 또한 계속 상승한다. 아기가 태어나면 필요한 이른바 '육아템(육아 아이템의 줄임말)'도 어느 브랜드가 최고인지 공유하며 사진을 찍어 SNS에 올린다. 어릴 때부터 경쟁과 비교의 문화에서 자란 이들은 가장 사적이고 내밀한 가정에서조차 타인과 경쟁하고 비교한다. 나 자신의 만족은 곧 타인의 질투, 시기, 부러움으로 대체되고, 누구보다 행복한 가정의 연출이 일상의 편안함보다 더 중요한 시대가 되었다. 어쩌면 그들의 아기들조차, 화려한 SNS의 조연에 불과할지도 모른다. 이처럼 결혼 이후에도 추가로 지속되는 경제적 부담을 고려할 때, 많은 젊은 세대가 결혼을 연기하거나 포기하는 경향이 강해지는 것은 당연한 순서다.

진영 씨는 작년에 결혼하고 바로 아기가 생겨, 한창 육아템을 준비 중이다. 먼저, 자신이 SNS에서 팔로우하고 있는 인플루언서가 사진으로 보여주는 제품들을 눈여겨보았다. 그리고 이미 출산한 경험이 있는 친구들의 추천하는 제품도 남편과 함께 주말을 이용해 매장에서 꼼꼼히 살폈다. 입소문도 중요하므로, 지역 맘카페도 열심히 살펴보았다. 물론 기저귀 가방도 빠질 수 없는데, 요즘은 가볍다고 소문난 프랑스 명품 가방이 대세이다. 그들이 목록에 올린 것들은 모두 아기한테 해가 없는 유기농이면서 해외 명품 브랜드다. 아기는 한 명만 낳을 거고, 영유아 시기는 지나가면 다시 오지 않기 때문에, 최상의 확실한 아이템만 선정해서 준비할 예정이다. 그리고 그런 아이템은 사진 찍어서 SNS에 올리기 좋고, 하다못해 동네에서 유모차를 끌고 걷기만 해도 다른 아기엄마들이 위부터 아래까지 눈으로 스캔하기 때문에, 이 리스트에서 한 가지도 뺄 수 없다.

현대 젊은이들은 전통적인 결혼과 가정보다 자기 계발과 경력 성장을 우선시한다. 경제적으로 불안정한 상황에서 결혼보다는, 자아실현과 경력 성취를 통해 안전한 경제적 기반을 다지는 것이 더 중요하게 인식되고 있다. 젊은이들은 자신의 미래가 불확실한 상황에서 결혼을 선택하기보다는 일단 안정적인 경제적 기반을 마련하는 데 초점을 맞추고 있고, 저성장 경제는 이러한 경향을 더욱 강화한다.

현진 씨는 지금 남자친구와 동거 중이다. 스타트업에서 인사 부문 매니저를 맡고 있으며, 스타트업이라는 회사 특성상,

초기 창업 멤버와 돈독한 관계를 유지하고 발전시켜야 회사가 성장하기 때문에, 많은 시간을 회사 구성원들과 면담하고, 함께 대화를 나누는 장을 마련한다. 절대적인 시간이 부족해서 자발적으로 야근하고 있고, 남자친구와의 데이트 시간도 아끼기 위해 동거를 결정했다. 이 회사에서의 경력이 나중에 자신의 커리어에 도움이 될 거라는 걸 알기 때문에, 내 회사인 것처럼, 열정을 다해 업무를 하고 있다. 이런 현진 씨에게 결혼이란, 자신의 커리어에 부정적인 영향을 주는 제도이기 때문에, 남자친구와는 결혼을 약속한 동거가 아니라, 결혼을 절대하지 않는 동거를 유지하기로 미리 합의했다. 생활비는 각각 절반씩 부담하고 있고, 집안일도 엑셀로 정리해서 각자가 잘할 수 있는 영역으로 나누어 냉장고 앞에 붙였다. 현진 씨는 이러한 생활 방식에 만족하고 있고, 정시에 퇴근하는 남자친구도 퇴근 후 부업에 매진하는 N잡러로 생활하고 있다.

저출산과 고령화

저출산과 고령화 시대에 1인 가구의 증가는 결혼과 출산에 대

한 인식 변화, 고령화, 사회적 안전망의 발달 등 여러 요인이
복합적으로 작용한 결과이다.

현대 한국 사회에서는 전통적인 개념의 결혼과 출산을 삶의
필수적인 단계로 보지 않는 인식이 확산하고 있다.

2020년~2022년까지는 코로나 팬데믹으로 결혼과 출산이
미뤄졌던 걸 고려해도 감소세는 뚜렷하다.

많은 젊은 세대는 결혼이나 출산보다는 개인의 자유와 자아

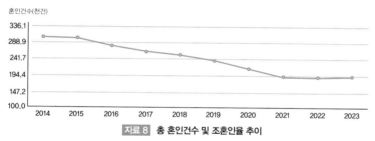

자료 8 총 혼인건수 및 조혼인율 추이

출처: 통계청, 2021년 〈혼인·이혼통계〉

자료 9 합계출산율과 출생아 수 및 합계출산율 추이

출처: 통계청, 〈2023년 출생 통계〉

실현을 더 중시하는 경향이 있어서, 이에 따라 결혼과 출산을 하지 않고, 1인 가구로 살아가는 사람들이 많아지고 있다. 저성장 시대에서 결혼과 출산은 젊은 세대에게 매우 부담스러운 일이다. 또한, 개인의 독립성과 자유를 중시하는 개인주의 문화의 발달로, 가족을 이루기보다는 혼자 사는 것을 더 선호하는 사람들이 늘어나고 있다.

편의성을 우선시하여, 월세의 절약을 위해 남녀 간의 동거가 늘어나고 또 쉽게 헤어지기도 한다. 자신들이 성장하면서 지출했던 사회적, 경제적 비용들을 고려해서, 현재 자신이 낳게 될 아이가 자신만큼의 혜택도 누리지 못한다면 아이를 낳지도 말아야 한다는 의식이 만연하다. 요즘 인터넷상에서 흔히 등장하는 '낳음을 당한 세대'라는 용어가 그 세태를 반영한다. 자기 의사와 상관없이 부모에 의해 '낳아짐'을 당해서 자신은 원치 않았던 온갖 계층적, 경제적 갈등을 겪고 있다는 원망의 다른 표현이다.

왁자지껄한 금요일 밤의 술집, 옆 테이블에는 이제 막 결혼한 친구의 신혼생활 이야기를 듣기 위해 모인 청년들이 있다. 우여곡절이 많은 신혼여행부터, 둘이 같이 생활하면서 겪는 에피소드까지 꽤 재미있는 이야기들이 나왔다. 그러다가 아직 결혼하지 않은 친구가 불쑥 이렇게 얘기했다.

"나는 아직 결혼하기 싫어. 애는 더더욱 싫고. 내가 번 돈인데, 왜 세 명이 나눠야 해?"

이 대화는 요즘 청년들의 생각이 극명하게 나타난 예다. 한 가정을 이룬다는 것은 공동의 경제를 일구고 산다는 개념을 완전히 뒤집은 것으로, 전통적 성 역할과 가정의 역할을 벗어난다. 주로 남자인 가장이 돈을 벌어오고, 집에서 여자인 아내가 그 돈을 가지고 자녀와 생활하고, 여분의 돈은 알뜰히 저축해서 한 가정경제의 돈을 관리해 왔다. 이제는 여자도 나가서 자신이 쓸 만큼의 돈을 벌어야 원하는 경제적 여유를 누릴 수 있고, 생활비는 공동으로 갹출한다. 아기를 낳아 키운다는 것은 내가 번 아까운 돈이 아웃풋이 정확하게 예측되지 않는 육아에 다 투입되는 비효율적인 결과를 초래한다는 의미이다.

저출산과 더불어 급격한 고령화가 진행됨에 따라 독거노인의 비율이 증가하고 있다. 한국은 2025년에 들어서면 초고령 사회가 된다.

자녀들이 독립한 후 혼자 남은 노년층이 비자발적 1인 가구를 형성하는 경우가 많아졌고, 특히 배우자를 잃은 노년층이 혼자 생활하는 경우가 많다. 고령화된 사회에서는 자녀와 함

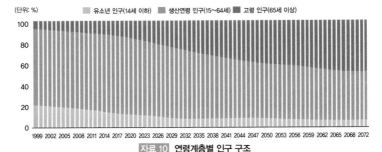

(단위: %)   ■ 유소년 인구(14세 이하) ■ 생산연령 인구(15~64세) ■ 고령 인구(65세 이상)

자료 10 연령계층별 인구 구조

출처: 통계청 〈장례가구추계: 2022~2052년〉

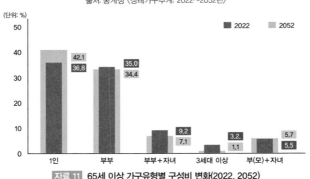

자료 11 65세 이상 가구유형별 구성비 변화(2022, 2052)

출처: 통계청, 〈장래가구추계: 2022~2052년〉

께 살지 않고 독립적으로 생활하는 노인 단독가구들이 많아지
고 있으며, 이는 1인 가구의 증가에 많은 영향을 미친다. 이들
은 전통적 가족 개념에 충실하게 살아온 사람들로서, 지금도
가능하기만 하다면 언제든 가족들과 합가해 살기를 원하지만,
여러 가지 사정으로 그러지 못하고 1인 가구를 이룬 사람들이
다. 혼자 살면서 스스로 자기 삶을 충만하게 채워본 적이 없으

며, 자녀들이 자신을 봉양하는 것을 당연하게 생각한다.

이들의 부모인 조부모 세대는 전쟁과 산업화의 시대를 거치며 60세 이상 장수한 사람이 드물며, 따라서 윗세대를 오랜 시간 간병하거나 부양한 경험이 적다. 정작 자신들이 초고령사회의 첫 번째 주자로 진입하면서 갑자기 늘어난 수명의 혜택을 누리지만, 늘어난 수명만큼의 사회적, 경제적 준비는 되어 있지 않아, 나라의 부조와 자녀의 헌신적인 봉양이 없으면 생활하기 어렵다. 이들이 1인 가구로 남아 사회 복지에 불균등한 부담을 주고 있고, 자녀들 개인적으로나 사회적으로나 커다란 사회 문제가 되고 있다. 통계표에서 살펴보았듯, 노인층의 고독사 비율은 매우 높다.

남편과 사별한 정숙 씨, 그녀는 연하의 남편, 두 아이와 함께 화목한 가정을 일구었다. 갑작스러운 심정지로 남편과 이별하기 전까지는 남들이 부러워하는 결혼생활이었다. 남편은 그녀의 커리어를 응원했고, 청소, 요리를 비롯한 집안의 대소사를 직접 처리하는 등, 다정하고 가정적인 남편이었다. 그런 남편과 사별한 뒤, 자녀들도 취업해서 각기 회사가 있는 곳으로 독립하고, 그녀는 혼자 사는 생활에 적응하지 못했다. 혼자서 집에 있는 시간을 못 견뎌 했고, 혼자 카페에 들어가 차를 마시거나, 식당에서 '혼밥'을 하는 것은 그녀에게 너무 어려운 도전이었다.

그녀는 취미생활을 위해 동호회에 가입했고, 남편의 빈자리를 다른 사람에게서 찾으려 애썼다. 상대는 급하게 재혼을 종용했고, 빠르게 재혼한 정숙 씨는 한참 뒤에야, 같이 살기에는 서로의 성격이 많이 다름을 깨달았다. 그리고 오랜 시간 형성되어 온 생활 습관을 나이가 많이 든 상태에서 다시 맞춰가는 과정이 너무나 힘들었다. 이혼 과정에서 사별한 전남편과 쌓아 온 상당한 재산을 재혼남과 분할 해야 했고, 서로를 향한 거칠고 지저분한 인신공격 후, 정숙 씨는 간신히 이혼을 마무리할 수 있었다. 그녀는 재혼으로 인한 정신적인 충격을 다시 추스르는 데에 상당한 시간이 필요했다.

임순 씨는 올해 89세이고 3형제를 두었으며, 남편은 작년 92세에 사망했다. 임순 씨는 도시의 건설경기를 따라 수도권에 거주하였으나, 남편의 막노동 수입만으로는 생계가 어려운 편이었고, 자녀들은 모두 대학 진학을 포기하고 자신들이 살길을 스스로 개척해 나갔다. 임순 씨는 평생 남편의 술주정과 무능력에 시달렸으나, 자식들이 자신의 '보험'이라 생각하고 언젠가는 자신의 부양을 기꺼이 담당해 줄 것으로 믿었다.

첫째의 결혼을 시작으로, 3형제가 모두 가정을 이루어 독립하였는데, 각자 겨우 가정을 꾸릴 정도의 경제력만 있는 상태에서, 어머니인 임순 씨의 요구는 형제들에게 큰 부담이었다. 혼자 사는 적적함과 불안, 노화에 대한 걱정과 두려운 감정을 처리하는 데에 미숙하였다. 그리고 이 모든 부정적 감정들을 자식과 며느리, 사위들에게 전화로 쏟아내며 후련함을 느꼈다. 급기야 합가를 요구하자, 며느리들은 이혼을 불사하고 남편과 싸우기 시작했으며, 배우자와의 불화와 노모의 일방적인 소통에 큰 부담을 느끼는 자녀들은 임순 씨와의 합가를 피했다. 임순 씨의 하소연과 눈물 바람은 끝이 없어서 급기야 자녀들은 임순 씨와의 전화 통화와 왕래도 끊게 되었다.

도시화와 주거환경 변화

일자리를 찾아 이동하는 도시로의 인구 집중과 그들의 수요에 맞는 소형 주택 공급의 확대는 1인 가구의 증가를 촉진한다. 특히 도시 생활의 특성상, 혼자 사는 것이 더 일반적이고, 주택 시장에서도 1인 가구를 위한 작은 아파트나 원룸이 많이

구분	2017	2018	2019	2020	2021	2022	2023	19~23 5년간 합계 (단순누적)	19~23 5년간 연평균 증가율
계	2,412	3,048	2,949	3,279	3,378	3,559	3,661	16,826	5.6
서울	437	595	526	571	619	678	559	2,953	1.5
부산	219	291	254	315	329	317	287	1,502	3.1
대구	85	117	105	125	124	146	183	683	14.9
인천	158	220	190	248	248	215	208	1,109	2.3
광주	105	104	113	118	111	117	94	553	△4.5
대전	56	95	113	120	128	141	104	606	△2.1
울산	54	55	42	59	58	59	72	290	14.4
세종	10	8	11	12	13	11	8	55	△7.7
경기	512	632	650	678	713	749	922	3,712	9.1
강원	67	90	102	98	110	146	156	612	11.2
충북	67	97	70	98	93	121	167	549	24.3
충남	151	151	167	193	175	172	183	890	2.3
전북	87	125	112	143	106	102	126	589	3.0
전남	77	87	101	114	124	100	120	559	4.4
경북	116	155	141	135	180	175	186	817	7.2
경남	199	214	240	225	203	257	235	1,160	△0.5
제주	12	12	12	27	44	53	51	187	43.6

자료 12 시·도별 기준 고독사 발생 현황

출처: 보건복지부, 〈2024년 고독사 사망자 실태조사〉

공급되고 있다. 그 결과, 대도시에서의 고독사 비율이 높게 나타났다.

선희 씨는 독립한 성인 자녀가 있는 1인 가구이다. 정년퇴직이 얼마 남지 않아, 제2의 인생을 설계하며 꿈에 부푼 나날을 보내고 있다. 더 이상 돌봐야 할 부양가족이 없으므로 이제는 고향인 남쪽 지방에서 텃밭을 가꾸며 전원주택에 살고 싶었다. 아침에는 새소리를 들으며 일어나고, 낮에는 소소하게 마당 안 식물들을 돌보고, 저녁에는 귀뚜라미 소리와 반짝이는 별들과 함께하고 싶었다.

선희 씨가 그런 희망을 친구들에게 말하면, 친구들은 단박에 허상에 불과하다고 조언한다. 나이가 들수록 큰 병원이 가까워야 하고, 집 주변에서 일상생활이 가능한 충분한 인프라가 있어야 하며, 혼자 살아도 안전한 곳은 대도시뿐이라며 꿈에 불과한 희망 사항이라고 일축한다. 선희 씨는 고향에 가고 싶은 마음과 친구들의 조언 사이에서 갈팡질팡 결론을 내지 못하고 있다.

사회적 변화

결혼을 늦추거나 결혼 자체를 하지 않는 사람들이 늘어나고 있다. 젊은 세대는 개인적 자유, 자기 계발의 중요성 등을 이유로 결혼을 필수적인 삶의 과정으로 보지 않게 되었고, 이에 따라, 결혼하지 않은 사람들이 자연스럽게 1인 가구로 생활하게 되었다.

또한, 가족 해체의 대표적 현상인 이혼이 늘어나면서 중장년층의 1인 가구 비율이 빠르게 증가하고 있다. 과거에 비해 이혼에 대한 사회적 인식이 완화되면서, 결혼생활을 유지하지 않고 이혼 후 혼자 사는 사람들이 늘어나고 있다. 특히, 이혼 후 아이 없이 혼자 남은 사람들이 1인 가구를 형성하게 되는 경우가 많다.

인영 씨는 프리랜서로 일하지만, 끊임없이 일거리가 있는 덕에 화려한 싱글의 삶을 누리며 산다. 첫 번째 결혼이 실패하고, 한동안 인생의 실패자가 아닌가 좌절했던 시기가 있었지만, 오히려 가정에 매여 살았을 때보다 더 자유롭고 풍요로워진 싱글 라이프에 만족한다. 달리기 동호회에 가입해서 건강도 챙기고, 이성 회원들의 관심을 받는 것도 즐긴다. 아침에 아름답게 꾸미고 일하러 나가는 자신을 더욱 사랑하게 되었으며, 교제를 고려하는 남성과 가끔 만나 커피나 술을 마신다. 금요일에는 그동안 바빠서 만나지 못했던 미혼인 친구들과 약속을 잡는다.

이처럼, 예전의 이혼남, 이혼녀의 시선에서 자유롭고 오히려, 다시 시작하는 싱글 라이프에 대해 만족감을 느끼는 1인 가구들이 많다.

한국 사회에서 천륜이라는 부모-자식 관계에 균열이 생기기 시작했다. 절대적 권위를 지니던 부모에 대해 자식들은 예전처럼 순종하지 않는다. 부모와 손절, 형제와 손절, 가히 손절의 시대라 부를 만하다. 혼자서도 잘 살 수 있는 사회적 분위기로, 인간관계에 집착하지 않고, 관계유지를 위한 노력을 예전처럼 힘들게 하지 않아도 충분한 삶을 살 수 있다.

그리고 경제적 독립, 자아실현, 자기 계발을 중요시하는 사람들이 늘어나면서 결혼이나 가족을 이루기보다는 1인 가구로 생활하는 것을 선호하는 경우가 많다. 성인이 되어 부모의 간섭을 벗어나 독립하고자 하는 욕구가 강해졌다. 부모 자녀 간의 관계가 예전처럼 전통적인 의미의 상호의존적인 역할에서 벗어나, 많은 사람이 혼자서도 독립적으로 생활하고자 하며, 이는 혼자 사는 삶을 더 긍정적인 선택으로 보게 하는 요인이 되었다.

은경 씨는 청소년기에 부모와의 관계가 그다지 좋지 않았다. 부모님은 은경 씨를 다른 친구들과 비교하며 성적을 높이기 위해 강압적으로 훈육했다. 그녀는 고등학교 때까지는 부모의 말에 순종하며 공부했지만, 대학생이 되자 귀가 시간까지 체크하고 졸업 후 진로에 대해 또다시 간섭하려는 부모와 더 이상 같이 살고 싶지 않아, 학교 앞 자취방을 얻고 독립했다. 부모의 완강한 반대에 부딪혔지만, 자신이 아르바이트로 월세를 충당하고 학교에서 근로장학금을 신청하는 등, 갖은 노력을 한 끝에 취업해서도 독립해서 사는 삶을 유지할 수 있었다. 혼자 사는 오피스텔을 청소해 주고 반찬을 가져다주겠다는 명목으로 비밀번호를 알려달라는 엄마의 요구에, 은경 씨는 부모와의 손절을 진지하게 고려하고 있다.

또한, 2인 이상의 가구에서 보이는 기존 가족관계 설정도 지금은 해체되었다고 볼 수 있다. 예전에는 가족들이 집에서 쉴 때 거실에 모여 TV를 시청하는 게 일상적이었다. 그러나 지금은 모두 각자의 방에서 각자의 시간을 보내고 있고, 저녁 식사만 같이 먹거나, 아니면 아예 식사조차 자기가 원하는 시간에 개별적으로 차려 먹는 경우가 많다. 거실로 대표되는 전통적 가족구조가 무너지고, 음식을 준비하며 소소한 대화를 나누는 부엌이 소통의 공간이 되었으며, 음식 준비의 과정조차도 배달 음식으로 대체되어 지금의 부엌은 그저 먹는 행위에 집중하는 식당의 역할이 더 클 수도 있다.

과거에는 혼자 사는 것이 비전통적이거나 고립된 것으로 여거졌을지 몰라도, 오늘날에는 개인적인 선택으로 널리 받아들여지고 있고 혼자 사는 것이 더 이상 이례적이지 않다. 개인주의와 자립에 대한 존중이 커지면서, 1인 가구는 점점 더 독립적이고 타당한 라이프 스타일의 선택으로 여겨지고 있다. 많은 젊은 성인들이 결혼을 연기하거나 포기하고 있으며, 그 결과 1인 가구에 맞춰진 새로운 소비자 트렌드와 문화가 등장했다.

현대의 1인 가구는 과거보다 더 많이 사회적 지원을 받을 수 있으며, 기술의 발전으로 인해 혼자 살아도 사회와의 연결이 쉬워졌다. 인터넷, 스마트폰, 배달 서비스 등이 1인 가구의 생활을 지원하며, 이에 따라 혼자 사는 것이 과거보다 더 쉽고 편리해졌다.

연실 씨는 고등학생 때부터 기숙사에서 생활하며, 부모에게서 일찍 독립했다. 지금은 대기업에 취업해 친구들 사이에서도 성공한 부류로 칭송받았다. 그녀는 고된 업무를 끝내고 집에 오면 배달 앱을 켜서 평소에 좋아하는 음식을 시켜 먹는다. 그리고 침대에 누워 각종 플랫폼을 뒤지며 본인이 좋아하는 동영상을 골라 시청한다. 영화 한 편만 보아도 금방 취침 시간이 되고, 연실 씨는 그날의 피로를 달래며 잠이 든다. 주말에는 친구들이 만나자고 불러내도, 굳이 나갈 필요성을 느끼지 못해, 집에서 온종일 먹고, 자고, 자신의 에너지를 보충하는 활동들을 한다. 집안이 엉망이긴 하지만, 미뤄두었다가 하루 날 잡고 청소하면 되니까 크게 개의치 않는다.

경제적 문제 외에도 개인주의와 자기중심적인 가치관이 확대되면서, 결혼을 필수적인 삶의 단계로 보지 않는 인식이 널리 퍼져있다. 소셜 미디어의 발달로 비교, 경쟁하는 문화가 주류를 이루며, 자신의 이미지를 위한 투자에는 쉽게 지갑을 열지만, 반려자를 만나 경제공동체를 이루고 하나의 경제적 목표를 향해 나아가는 것에는 회의적이다. 두 사람의 수입을 하나로 합쳐 가정 공동경제를 이뤘던 부모 세대와 달리, 자신의 수입을 따로 관리하고, 공동의 생활비만 갹출하는 형식의 경제활동을 하고 있다. 이 때문에 젊은 층의 이혼을 '엑셀 이혼'이라고 부르는 풍조가 있으며, 이혼 시 재산 분할 과정에서 서로의 엑셀 파일을 보며 각자의 기여도를 원 단위로 따지는 것이 흔한 풍경이다. 공동의 재산축적보다 느린 속도의 재산 형성은 경제적 어려움과 결합 되어 젊은이들이 결혼을 미루거나, 하지 않는 경향을 더욱 강화한다.

종수 씨와 연경 씨는 대기업과 공기업에 다니고 있다. 그들은 친구의 소개로 만나게 되었으며 빠르게 결혼에 합의했다.

가장 중요한 가정경제에 관한 문제에서도 둘은 쉽게 합의에 도달했다. 둘의 생활비를 엑셀로 계산해 보니, 아직은 아이가 없어서 한 달 300만 원이면 부부 공동의 취미생활까지 할 수 있을 만큼 충분했다. 종수 씨는 월 400만 원, 연경 씨는 300만 원의 월급을 받고 있었으며, 공동의 생활비를 각자 150만 원씩 갹출하는 데에 쉽게 동의했다.

종수씨는 남은 250만 원의 돈으로 본가에 50만 원을 용돈으로 드리고 있고, 나머지 돈은 주식에 투자했다. 연경 씨 역시 40만 원을 친정에 드리면서 나머지 돈 중 일부는 저축, 일부는 해외여행을 위한 저축으로 나누었다.

그런데 아이가 생기기 전에 둘은 심각한 다툼을 했고, 이혼에도 쉽게 합의했다. 그러나, 정작 문제는 재산 분할이었다. 자신들이 결혼을 위해 준비한 재산에 대해서는 각자가 가져가는 걸로 동의했지만, 결혼 이후에 내놓은 생활비에 대해 이견이 생겼다. 종수씨는 각자가 운용한 돈은 각자의 소유라 주장했지만, 연경 씨는 각자의 수입에 차이가 있는데, 생활비는 똑같은 액수로 내놓은 것에 불만을 제기하며 수입의 비율대로 생활비를 냈어야 했고, 자신에게 더 많은 재산이 분할되어야 한다고 주장했다. 둘은 각자가 작성한 엑셀 가계부를 들이밀며 다퉜고, 결국, 이 문제로 소송에 들어가게 되었다.

1인 가구가 늘어나면서 소형 아파트, 오피스텔, 원룸 등 소형 주거 공간의 수요가 크게 늘었다. 부동산 시장에서는 1인 가구를 위한 공간 활용도가 높은 소형 주택 시장이 커지고 있다.

혼자 사는 사람들이 필요로 하는 소형 가전제품도 트렌드 중 하나이다. 미니 냉장고, 미니 세탁기, 1인용 밥솥, 소형 청소기 등 실용적인 가전제품이 1인 가구를 대상으로 출시되고 있다.

혼자 사는 사람들이 식사 준비에 시간을 많이 들이지 않으면서도 간편하게 영양을 챙길 수 있는 간편식Home Meal Replacement, HMR 제품들도 인기를 끌고 있다. 1인 가구를 위한 즉석식품, 밀키트, 소량 포장된 식재료 등이 대표적인 예이다.

배달 앱과 같은 플랫폼을 통해 소량 주문이 가능해졌으며, 배달 서비스가 1인 가구에서 매우 큰 비중을 차지하고 있다. 식재료는 다인 가구 기준으로 포장되어 있고, 된장찌개 하나를 끓여도 많은 종류의 채소를 사야 한다. 가끔 늦게 퇴근하는 날이면 에너지가 소진되어 배달을 애용하게 되고, 이미 며칠이 지난 채소들은 유효기간 내에 소비되지 못하고 음식물 쓰레기통으로 직행한다. 오히려, 배달 앱으로 1인 메뉴를 주문하는 것이 그들에게는 경제적일 수 있다.

편리함을 중시하는 1인 가구의 특성상, 커피, 신선한 식재료, 생필품 등을 주기적으로 배송하는 정기구독 서비스도 대안으로 떠오른다. 이는 시간과 비용을 절약하며 1인 가구의 수요에 잘 맞춰진 결과이다.

인범 씨는 생산직으로 공장에서 일하고 있다. 혼자 사는 생활에 만족하고 있어서, 딱히 결혼이 급하다고 생각하지 않는다. 힘든 야간 근무가 끝나면 새벽 동이 터오기 시작한다. 퇴근길에 집 앞 무인 반찬가게에 들어가 1인용으로 소량 포장된 반찬을 세 개 집는다. 계산은 키오스크에서 하고 근처 편의점에서 맥주를 산다. 집에 들어가 상자로 사다 놓는 즉석밥을 꺼내 전자레인지로 데우고, 방금 사 온 반찬을 꺼낸다. 인범 씨는 밥을 먹기 전에 OTT에서 가장 좋아하는 예능 시리즈를 휴대폰으로 켜 두고, 맥주 한잔과 밥을 먹는 시간을 가장 좋아한다. '내일은 휴무인데, 그렇다면 오늘은 술을 더 마셔도 괜찮겠지'라고 생각한 인범 씨는 배달 앱을 켜고 1인분 생선회 판매가 가능한 가게를 찾아서 제철 생선회를 1인분만 배달 주문한다.

공유 자동차, 공유 오피스 등 공유 경제와 관련된 서비스도 1인 가구 사이에서 인기를 끌고 있다. 비용을 절감하면서도 편리하게 사용할 수 있는 옵션으로서 고액의 고정비 지출을 막아 경제적인 측면에서 매우 혁신적인 절약이 가능하다. 만약 차를 구매하게 되면, 자신에게 확보된 주차장이 필요하므로, 주차장을 보유한 주거 공간을 찾는다면 주거 비용이 상승하고, 보험과 수리 비용을 포함한 자동차 유지비용도 만만치 않다. 창업의 경우에도 일반 사무실을 임대하는 것은, 사업의 고정비용을 상승시키는 주범이 된다.

고립감의 회복도 쉽게 접근할 수 있다. 코로나 팬데믹을 기점으로 온라인 심리 상담이나 멘탈 케어 서비스에 대한 수요가 폭발적으로 증가했으며, 스트레스와 불안감을 관리할 수 있는 앱과 서비스가 인기를 끌고 있다.

정열 씨는 회사 상사로부터 큰 소리로 지적받을 때마다 심장이 심하게 두근거린다. 집에 와서도 지속되는 상황이 빈번해지자, 병원에 가야 하나 고민했다. 온라인 커뮤니티에 자주 방문하던 정열 씨는 회원들의 게시글을 보고 심리 상담 앱이 있다는 것을 알게 되었다. 문턱이 높은 정신과 병원보다 익명성도 보장되고, 비대면이 만족스러운 심리 상담 앱이 마음에 들었다.

가입 후 여러 명의 심리상담사 프로필이 얼굴 사진과 함께 보였고, 정열 씨와 같은 고객들이 상담 후 매기는 평점과 후기도 많았다. 프로필과 후기들을 읽고 한 명의 심리상담사를 선택한 후 매칭되어, 앱의 대화창으로 고민을 상담했다. 자신의 이야기를 성심성의껏 들어주고 답변해 주는 상담사에 무척 만족했다. 다음에 상사로 인해 심장이 두근거리는 일이 또 생기면, 이 심리 상담 앱을 이용하면서 스트레스를 풀 예정이다.

혼자 사니
더 좋다

1인 가구의 장점은 개인적 자유와 독립성 측면에서 독보적이다. 선택의 측면에서 개인이 완전한 통제권을 가지며, 다른 사람들과 일정을 맞추거나 타인의 요구에 맞출 필요 없이, 본인이 원하는 방식으로 일상을 관리할 수 있다는 것이 가장 큰 장점일 것이다. 식사, 취침, 여가 등 모든 활동이 조절할 수 있다. 집을 자신의 취향에 맞게 꾸밀 수 있고, 필요에 따라 언제든지 변경할 수도 있다. 집에서는 그 누구에게도 방해받지 않고 조용히 휴식하거나 집중할 수 있는 공간을 보장받는다. 타인과의 관계에서 오는 갈등이나 스트레스가 줄어들고, 불필요한 인간관계를 축소할 수도 있다. 이는 공적으로 너무 많은 관계에 노출된 현대인들에게 심리적 안정을 준다.

또한, 가족이나 룸메이트 같은 타인과 일정을 맞추지 않아도 되기 때문에, 스트레스가 덜하고, 자기 계발이나 취미에 더 많은 시간을 할애할 수 있다. 혼자 있는 시간이 많아지면서 자신을 더 잘 이해하고, 자신이 무엇을 좋아하고 원하는지 명확히 알게 된다. 따라서, 독서, 운동, 공부 등 자신만의 목표를 위해 집중하는 기회가 많아지면서, 공적인 커리어의 성장에도 영향을 미친다. 라이프 스타일이 유연해지며 마음먹기에 따라 단순한 삶을 유지하면서 번거로운 집안일도 줄이고 생활비용 역시 절약된다. 자신의 수입과 지출을 전적으로 통제할 수 있으며, 타인과 재정을 공유하지 않기 때문에 독립적으로 계획하고 소비할 수 있다. 모든 결정이 온전히 자신의 선택으로 이루어지므로, 자신의 선택에 책임감이 생기고 스스로 성장할 수 있는 계기가 된다.

연수 씨는 프리랜서 작가다. 전에 다니던 회사에서 일감을 주고 있어서, 부정기적이긴 하지만 수입이 계속 있는 편이다. 그녀는 사회생활을 하면서 수많은 사람을 만났다. 그들을 통해 멀쩡하던 남자친구가 결혼하기만 하면 효자로 돌변하는 일, 신혼집의 현관 비밀번호를 알려주지 않는다는 이유로 자식을 잘못 키웠다며 신세 한탄하는 시어머니, 결혼한 딸에게서 여전히 용돈을 바라는 친정 부모님, 아기를 낳으면 꼼짝없이 독박 육아에 당첨되는 일 등 결혼의 부정적 측면을 긍정적인 면보다 더 많이 알게 되었다.

그녀는 그런 족쇄에서 벗어나고 싶었고, 연애만 지속하는 생활이 훨씬 자유롭다는 걸 깨달았다. 휴일은 온전히 자신의 힐링을 위해 사용하고, 일이 바쁠 때는 집안일을 산더미같이 쌓아놓아도 뭐라고 하는 사람이 없어서 좋다. 일어나고 싶을 때 일어나며, 자신을 위해 시간과 자본을 소비하는 생활에 충분히 만족한다. 방도 누구의 잔소리도 없이 자신의 취향으로 예쁘게 꾸미고, 요리에도 취미가 생겼다. 반찬은 만들기 번거로워서 인터넷을 보고 배운 원 푸드 요리를 주로 하며, 바로 사진을 찍어 SNS에 올린다. 오히려 가족과 함께 살던 때보다 더 건강한 식생활을 하고 있다. 연수 씨는 이번 프로젝트만 끝나면, 자신에게 수고했다는 의미로, 노트북 하나 달랑 들고 태국에 가서 '디지털 노마드'가 되어 한 달 살기를 하고 올 작정이다.

연자 씨는 혼자 생활한 지 5년이 넘었다. 현재 72세이고, 남편은 5년 전 오랜 지병으로 고생하다 먼저 세상을 떴다. 주변 지인들은 배우자를 잃는 스트레스가 스트레스 중 1위라며, 연자 씨가 홀로 남겨진 것에 대해 걱정해 주었다. 연자 씨는 주변의 기우와 달리 비교적 빠르게 자리를 털고 일어났다. 남편이 살아 있을 때보다 훨씬 자유롭게 생활하며 얼굴에 활기가 돌았다. 남편이 집에 있을 때는 삼시세끼를 준비해야 하는 부담이 있었고, 절약성이 투철한 남편의 잔소리로 사사건건 옥신각신했다. 지금은 시와 구에서 운영하는 문화센터에서 저렴한 가격으로 노래와 춤을 배우러 다니고, 거기서 알게 된 친구들과 같이 수업이 끝나면 점심을 먹고 차도 마시며 수다를 떤다. 가끔 손주들을 보러 자녀의 집을 방문하지만, 2시간을 넘지 않고 얼른 집에서 나온다. 따로 식사 준비에 신경 쓸 것도 없어서, 그때그때 집에 있는 재료로 샐러드나, 비빔밥 등 간단한 한 끼를 완성한다. 어떤 때는 그조차도 싫어서 빵이나 떡으로 대신하기도 하고, 피곤할 때는 초저녁부터 취침하는 등, 자신이 원하는 때에 원하는 일만 할 수 있어서 혼자 사는 기쁨을 톡톡히 누리고 있다.

기범 씨는 공공기관의 파트장이다. 업무 성과가 좋은 데다가, 미혼이라는 사유가 겹쳐 중요한 사업 부문의 파트장이 되었다. 지금까지 교제했던 여성들도 있지만, 결혼을 마음먹을 정도로 깊은 관계는 아니었다. 주변에서는 노총각으로 나이만 먹어가는 것에 대한 잔소리가 많지만, 기범 씨는 그런 말에 쉽게 흔들리지 않는다. 아침은 간단히 시리얼, 우유, 사과로 대신하고, 점심은 구내식당에서 먹는다. 저녁은 집 근처 유기농 마트에서 몸에 좋은 성분을 따져가며 합리적 소비를 하고, 주말이면 테니스, 와인 테이스팅, 독서 모임 등 취향을 나누는 곳에서 좋아하는 활동을 한다. 집에서 쉬는 날이면, 빨래나 정리 등, 깔끔한 환경을 유지하기 위해 부지런히 집안일을 한다. 그는 현재 생활에 충분히 만족하고 있고, 굳이 동반자가 필요하다는 생각은 하지 않는다.

세계는 지금,
1인 가구

일본에서는 2018년 유산상속 조항을 대폭 개정한 민법이 가결되었다. 고령화로 인한 현실 반영의 측면에서 유심히 살펴볼 만하다. 개정된 민법에서는 혼자 남겨진 배우자에게 자택에서 계속 거주할 수 있는 '배우자 거주권'이 신설되었고, 조건에 따라 '자택'이 유산 분할 대상에서 제외되며, 장례 비용도 고인의 금융 자산에서 인출할 수 있도록 하는 내용이 신설되었는데, 이는 모두 홀로 남겨진 배우자를 배려한 개정이다. 일본에서는 치매 환자의 예금은 원칙적으로 인출이 불가능하지만, 1인 가구로 생활하던 치매 고령자가 자산이 묶여, 간병이 어려워지는 현상을 방지하기 위해, 치매가 생기기 전, 가족에게 자산관리를 위탁하거나, 그를 대신해 법률적 행위를 할 수 있는 성년 후견인 제도를 마련하였다. 그러나, 노령의 1인 가구가 치매가 생기기 전, '사후 약방문'이 되지 않도록 미리 준비해야 한다는 점이 가장 중요하다.

또한, 이미 사회 현상이 된 '은둔형 외톨이'가 나이를 먹어감에 따라, 여러 가지 불편한 사회 문제들이 발생하고 있다. 50대가 되어가는 '은둔형 외톨이'가 절대적으로 의지하고 있는 부모 세대는 80대가 넘었다. 부모의 연금에 의존해서 살다가 부모가 사망함으로써, 같이 생의 의지를 잃어 가는 사고들이 증가해, 그들에게 독립 연습을 시켜야 하는 상황이다. 중요한 대책 중 하나가 주택 연금, 혹은 현재의 집보다 더 저렴한 집으로 이사 가는 방법이다. 이 역시, 부모 세대가 미리 주택을 준비해서 소유하고 있어야 한다는 점에서 준비하는 것이 순탄하지는 않다.

코로나19 팬데믹으로 인한 사회적 거리 두기로 일본인들이 느끼는 외로움은 11년 만에 가장 높은 자살률로 나타나고 있다고 한다. 특히 여성들의 자살률이 급격히 증가하고 있으며,

노인뿐만 아니라 모든 연령층에서 이러한 현상이 나타나고 있어 정부로서 대책 마련에 돌입한 것이다. 일본은 2021년 '고독부 장관'을 처음 임명하고, 외로움에 대한 정책적 조치를 시작했다.

영국은 2018년 1월 고독 문제를 전담하는 부처를 세계 최초로 만들었다. 외로움을 개인의 문제로 바라보는 인식에서 벗어나 '사회적 전염병'으로 규정해 정부 차원에서 대응하겠다고 나선 것이다. 새 부처의 명칭은 '외로움부Ministry of Loneliness' 로서 한국의 문화체육관광부에 해당하는 디지털·문화·미디어·스포츠부 장관이 '외로움부' 장관도 겸직해 고독 퇴치 정책을 주도한다. 영국은 외로움에 대한 사회적 처방을 내리고자 2,000만 파운드(약 325억 원)의 고독 퇴치 예산도 책정했다. '외로움 장관'은 데이터 분석을 통한 정책 기반을 구축하고 외로움에 대한 전략을 마련, 시민단체에 자금을 지원하는 역할을 수행한다.

노르웨이 스타트업인 '노 아이솔레이션No Isolation'은 사회에서 다양한 원인으로 소외된 사람들을 위한 로봇과 서비스를 만드는 회사이다. 이 회사는 정부가 '외로움 장관'을 임명하도록 캠페인을 벌이고 있다.

3장

1인 가구의
민낯

숨어있는
복지의 사각지대

모든 복지 혜택은 대한민국 중위소득이 기준이다.

'기준 중위소득'이란, 보건복지부 장관이 급여의 기준 등에 활용하기 위하여 중앙생활보장위원회의 심의·의결을 거쳐 고시하는 국민 가구소득의 중위값을 말한다(국민기초생활 보장법 제2조 제11호). 기준 중위소득은 급여 종류별 선정 기준과 생계급여 지급액을 정하는 기준이고, 부양의무자의 부양 능력을 판단하는 기준이 된다.

쉽게 얘기해서, 대한민국 총가구를 소득순으로 나열하여 차

가구원 수		1인	2인	3인	4인	5인	6인
기준 중위소득	2024년	222만 8,445	368만 2,609	471만 4,657	572만 9,913	669만 5,735	761만 8,369
	2025년	239만 2,013	393만 2,658	502만 5,353	609만 7,773	710만 8,192	806만 4,805

자료 13 2024년도 및 2025년도 기준 중위소득

출처: 보건복지부

례를 정할 때, 한가운데를 차지하는 가구의 소득이다. 정부에서는 '기준 중위소득'에 따라 복지를 차등으로 시행하고 있는데, 물가상승률을 반영하므로, 매년 달라질 수 있다.

'기준 중위소득'은 [자료 13]과 같다. 예를 들어, 기초 생활보장제도 중, 생계급여의 경우, 기준 중위소득 32% 이하인 가구에게 지급한다. 그렇다면 2025년 1인 가구 기준, 2,392,013원의 32%인 765,444원 이하의 소득이 있는 가구가 생계급여를 받는다. 또한 지자체별로 1인 가구 혜택을 어떤 기준으로 어떻게 주고 있는지 다를 수 있으므로, 자신이 속한 소득 구간에 맞는 혜택을 적극적으로 찾아봐야 한다.

지영 씨는 1인 가구이면서 프리랜서 웹디자이너다. 지영 씨의 한 달 소득은 60만 원이다. 2025년 기준 중위소득은 1인 가구 기준 2,392,013원이고, 기준 중위소득의 32%는 765,444원이다. 단순 예를 들자면, 기준 중위소득 765,444원에서 지영 씨의 소득인정액을 뺀 금액 165,444원이 지영 씨의 생계급

여액이다.

　문제는 중위소득을 기준으로 하므로, 중위소득 이상의 소득이 있는 1인 가구는 국가의 안전망 밖에 있다는 것이다. 성인이 된 후, 꾸준히 구직활동을 했다면, 중·장년이 된 시점에 기준 중위소득을 가뿐히 넘을 수 있다. 또한, 사업소득이 많은 경우의 1인 가구도 마찬가지다.

　물론, 자기 삶을 원하는 대로 계획할 수 있을 만큼의 부를 축적한 1인 가구라면, 정부의 혜택은 굳이 필요하지 않을 수 있다. 또한 우리나라는 소외계층을 대상으로 하는 복지 혜택들이 있다. 행정복지센터에 가면 사회복지사가 그들을 위해 존재하고, 실제로 기초생활수급자에 해당하는 1인 가구가 필요로 하는 재정적·심리적 도움을 주고 있다.

　그러나, 기준 중위소득을 애매하게 초과한 경우는 어떻게 해야 할까? 이들은 '복지의 사각지대'에 놓여있다.

　은실 씨는 중소기업에서 25년째 근무하고 있다. 자녀 없이 이혼해서, 1인 가구 생활을 오래 해 왔다. 평일에는 회사 다니고, 주말에는 자신과 같이 1인 가구로 사는 친구들을 가끔 만나 친교를 나누는 생활에 만족한다. 그러나 혼자 있을 때의 불안감을 완전히 떨쳐 낼 수는 없었고, 뉴스에서 고독사라는 단어가 나오면 남의 일 같지 않아 유심히 읽어보곤 한다. 버스를 타고 가다가 구청 현수막에서 나라에서 1인 가구를 위해 각종 생활 돌봄 서비스를 시행하고 있다는 걸 본 후, 바로 행정복지센터에 전화로 문의했다. 그러나 자신이 기준 중위소득을 넘겨, 해당자가 아니라는 답변을 들었다. 한 기업에서 성실하게 오래 일한 결과 근속기간이 길어져 근로 소득이 약간 높았을 뿐인데, 나라에서 정한 기준 중위소득을 넘는다는 이유로 복지 혜택을 받을 수 없다고 생각하니, 뭔가 역차별당하고 있다는 느낌이 들었다.

고용노동부는 2025년도 적용 최저임금을 시간급 10,030원으로 결정·고시했다(2024.8.5.). 이를 월급으로 환산할 경우, 2,096,270원(1주 소정 근로 40시간 근무, 월 209시간 기준, 주휴수당 포함)이다. 최저임금을 받는 비정규직 노동을 하루에 8시간씩, 5일을 일해서 한 달 월급으로 받는 돈이다. 이것은 그나마 비정규직으로라도 고용해 주는 사업장이 있을 경우다. 만약에 프리랜서로 사업장에 고용되지 않고 내 인적 재능을 판매하는 일에 종사할 경우, 일감이 꾸준히 들어온다는 보장이 있을까?

프리랜서는 항상 일감이 없을 수 있다는 불안정한 노동환경에서 일하고 있다. 그들이 한 달 동안 받은 일감의 보수가 일정하지 않기 때문에, 어떤 달에는 기준 중위소득을 넘길 수도 있고, 어떤 달에는 기준 중위소득의 32%인 765,444원도 벌지 못할 수도 있다. 아예 수익이 없을 때는 765,444원을 생계급여로 지원받을 수 있다. 과연 기초 생활 수급 제도를, 그리고 생계급여를 제대로 알고 신청할 수 있는 사람은 몇이나 될까? 또 얄궂게도 매달 아슬아슬하게 80만 원의 소득을 벌었다고 한다면, 이 소득은 성인 1명이 한 달 동안 생활하기에 가능한 금액인지 진지하게 생각해 보자. 이 경우, 국가의 지원은 없다. 왜냐면, 기준 중위소득의 32%를 넘었기 때문이다.

다른 예를 들어 보자. 위와 같은 고용노동부 고시를 보면, 2023년 기준 대한민국 정규직 근로자 시간당 임금 평균은 24,799원이다. 한 달, 주 5일, 하루 8시간 근로하는 경우 대략 세전 3,967,840원이다. 여기 혼자 살지만, 사업장에 고용되어 일하고 있는 45세 근로자 A씨가 있다. 그는 정규교육을 마치고 한 해도 쉬지 않고 꾸준히, 성실하게 일했지만, 몇 번의 이직을 했고, 연봉은 회사의 임금 상승률에 따랐다. 그는 과연 대한민국 정규직 근로자 평균 월급만큼 받을까?

원론적으로 얘기하자면, 이것은 '평균의 함정'이다. 한 회사의 CEO 월급과 신입사원의 월급을 평균한 값이 과연 올바른

(단위: 원, %)

구분	2021년		2022년			2023년		
전체	19,806	(2.5)	22,651	(14.4)		22,878	(1.0)	
정규직	21,230	(2.4)	24,409	(15.0)	〈100.0〉	24,799	(1.6)	〈100.0〉
비정규직	15,482	(3.1)	17,233	(11.3)	〈70.6〉	17,586	(2.0)	〈70.9〉
기간제근로자	15,069	(2.4)	17,517	(16.2)		17,972	(2.6)	
단시간근로자	14,220	(4.6)	15,515	(9.1)		15,741	(1.5)	
일일근로자	19,283	(4.2)	21,416	(11.1)		21,907	(2.3)	
파견근로자	14,031	(4.0)	16,010	(14.1)		16,080	(0.4)	
용역근로자	12,202	(0.3)	13,290	(8.9)		13,681	(2.9)	

* ( )는 전년대비 증감률, 〈 〉는 정규직 대비 비정규직 수준

자료 14 **고용형태별 시간당 임금총액**

출처: 고용노동부, 〈고용형태별 근로실태조사〉

평균치인가? A씨의 월급은 세전 3,967,840원에 미치지 못할 확률이 높다. 월세와 생활비, 혹시 있을지 모르는 부모의 병원비 등 돌발 상황 등을 합치면, 대한민국 평균 월급으로도 감당하기 힘들다. 앞에 예로 든 연수 씨의 상황도 마찬가지다.

"악마는 부지런하다"라는 헨리 데이빗 소로우(미국의 철학자, 시인, 수필가)의 말처럼, 악은 선보다 부지런하고 성실하다. 혼자 사는 사람은 혼자 살고 있다는 이유 한가지로, 기초 생활 수급 제도의 허점을 노리고 악용해서 각종 급여를 타내는 일부 몰지각한 사람들보다 더 열심히, 부지런히 발품을 팔아야 하는 게 현실이다.

지금,
1인 가구의 진짜 모습은?

'1인 가구'라고 하면 떠오르는 이미지가 무엇인가? 아마도 TV 나 인터넷에서 볼 수 있는 고시원, 매우 좁고 허름한 주거지, 병든 어르신, 낮은 소득과 일자리 부족으로 힘들어하는 모습들일 것이다. 이것은 지금 시점에서 보면, 편견에 가깝다.

〈2024 통계로 보는 1인 가구〉(통계청 배포·보도자료 2024.12.9.)에 따르면, 2023년 한국의 1인 가구 모습은 우리의 일반적인 예상과는 조금 다르다.

2023년 1인 가구의 거처 비중은 단독주택과 아파트가 75%

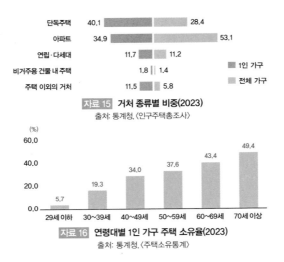

자료 15 거처 종류별 비중(2023)
출처: 통계청, 〈인구주택총조사〉

자료 16 연령대별 1인 가구 주택 소유율(2023)
출처: 통계청, 〈주택소유통계〉

에 이른다. 그리고, 주택 소유율은 31.3%로, 나이가 많을수록 자가 비중이 높다. 비교군인 전체 가구는, 2인, 3인, 4인 등의 다양한 가구 형태이므로, 1인 가구의 주택 소유율은 전체 가구 형태의 주택 소유율에 비해 낮다고 볼 수 없다.

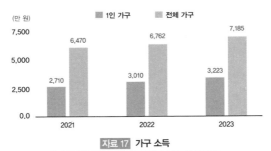

자료 17 가구 소득
출처: 통계청, 금융감독원, 한국은행, 〈가계금융복지조사〉

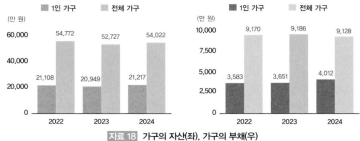

자료 18 가구의 자산(좌), 가구의 부채(우)

출처: 통계청, 금융감독원, 한국은행, 〈가계금융복지조사〉

2023년 1인 가구의 연간 소득은 3,223만 원으로 전체 가구의 44.8% 수준이다.

2023년 1인 가구 자산은 전체 가구의 39.3% 수준이며, 부채는 전년 대비 9.9% 증가한 4,012만 원으로 전체 가구(9,128만 원) 대비 44.0% 수준이다.

1인 가구 중 자신의 건강 상태가 전반적으로 좋다고 생각하

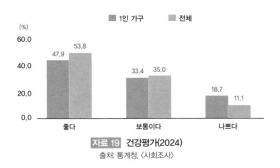

자료 19 건강평가(2024)

출처: 통계청, 〈사회조사〉

는 비중은 47.9%로 전체 인구보다 5.9% 낮았고, 자신의 건강 상태가 전반적으로 나쁘다고 생각하는 비중은 18.7%로 전체 인구보다 7.6% 높았다.

통계는 조사하는 방법, 표본, 분류에 따라 판단하는 시각이 달라지므로, 위의 표와 숫자들이 우리의 1인 가구 모습을 대표한다고 보기에는 부족함이 있다. 국가에서도 2020년부터 시작한 통계이므로, 다양한 기준과 지표에서 바라본 1인 가구의 모습이 아쉽다. 자발적 1인 가구와 비자발적 1인 가구는 1인 가구 구성 동기부터 경제적 여건 등 여러 요소에서 처해 있는 상황이 다를 것이다. 그리고 소득 역시 평균값이므로, 단순히 1인 가구의 소득이 전체 가구의 절반에 해당한다고 단정할 수 없다. 앞으로 더욱 구체적인 통계가 나온다면 1인 가구에 대한 자세한 이해가 가능할 것이다. 그러나, 현재의 1인 가구의 모습은 우리가 막연히 떠올리는 이미지와는 일부 다르다는 것을 알 수 있다. 1인 가구라고 해서 꼭 빈곤층이거나, 노령층은 아니라는 것이다.

미디어가 생산하는 1인 가구의 이미지는 주로, 노령층 1인 가구에 집중되어 있다. 이들은 궁핍한 모습으로 좁은 쪽방이나 원룸 등에서 생활하는 전형성을 보인다. 이런 이미지에 자주 노출되면, 우리는 1인 가구를 보는 시각이 정형화된다. 자의든, 타의든 딱한 사정으로 혼자 살게 되어 이른바 '독거노인'이 되었고, 일자리를 구하기에는 나이도 많고 지병도 생겨서, 이제는 누군가의 도움이 없으면 홀로 살아갈 힘이 없는, 사회복지 시스템의 밖에서 불이익을 받는 사회적 약자라는 시각이 생길 수밖에 없다. 그러나, 해당 지역의 주민센터(혹은 행정복지센터) 사회복지사는 담당 지역의 기초생활수급자에 대한 정보를 가지고 응당 해야 할 일을 하고 있으며 국가 시스템은 우리의 생각보다 그리 허술하지 않다.

보건복지부의 기초생활수급자 기준을 보면 [자료 20]과 같다.

80세의 독거노인이 인정 소득과 모든 재산이 0원이라는 가정하에 기초생활 수급 혜택을 받는다면, 생계급여로 월 약

(단위: %)

구분	1인 가구	2인 가구	3인 가구	4인 가구	5인 가구	6인 가구	7인 가구
생계급여 수급자 (기준중위 소득 32%)	713,102	1,178,435	1,508,609	1,833,572	2,142,635	2,437,878	2,724,798
의료급여 수급자 (기준중위 소득 40%)	891,378	1,473,044	1,885,863	2,291,965	2,678,294	3,047,348	3,405,998
주거급여 수급자 (기준중위 소득 48%)	1,069,654	1,767,652	2,263,035	2,750,358	3,213,953	3,656,817	4,087,197
교육급여 수급자 (기준중위 소득 50%)	1,114,223	1,847,305	2,357,329	2,864,957	3,347,868	3,809,185	4,257,497

※생계급여 수급자 선정기준인 기준 중위소득 32%는 동시에 생계급여 지급기준에 해당

자료 20 2024년 급여종류별 수급자 선정기준
출처: 보건복지부

713,102원(2024년 기준), 만 65세 이상의 어르신 중 소득 하위 70%에 해당하는 사람들에게 지급되는 기초연금이 월 최대 334,810원, 주거 안정을 위한 임대료 지원(약 20만 원~30만 원, 지자체별로 다름) 및 자가 주택의 보수 비용 지원, 의료급여(필요한 경우 건강검진 비용도 포함)를 받을 수 있으며, 일부 지자체에서는 장수수당, 효도수당 등 추가적인 지원금을 제공하기도 한다.

소득과 재산이 모두 0원인 80세의 독거노인과 '복지의 사각지대'에 있는 연수 씨, 월 80만 원 그것도 들쑥날쑥한 부정기적 수입이 있는 프리랜서, 세 가지 경우를 비교해 보자. 누가 진짜 1인 가구의 모습일까? 국가 시스템의 도움이 필요한 진짜 1인 가구는 원룸의 어르신일 수도 있지만, 거리를 지나가는 평범한 젊은이나 중장년층의 근로자일 수도 있다는 점을 알아야 한다. 우리가 놓치고 있는 것이 무엇인지 다시 생각해 볼 문제다.

잘 보낸 하루가
행복한 잠을 가져오듯이
잘 산 인생은
행복한 죽음을 가져온다.

– 레오나르도 다빈치

4장

혼자라서 생기는
현실적 문제들

혼자라서
외로운 사람들

1인 가구로 생활하면서 가장 힘든 문제는 외로움과 우울감을 포함한 심리적인 부분일 것이다. 외로움, 사회적 고립, 불안감 등은 혼자 살면서 누구나 겪을 수 있는 심리적 어려움이다. 인간은 사회적 동물이라는 진부한 말을 꺼내지 않더라도, 사회적 소통이 없이 지낸다는 것은, 삶을 지속시키는 데 많은 어려움을 느끼게 한다.

　현대 이전의 사회는 대가족 단위로 함께 사는 지역 공동체 혹은 종교 공동체를 중심으로 한 소통이 일반적이었다. 협동이 필수적인 농경사회에서는 가족 중심, 마을 중심으로 활동하며 사회적 유대감을 형성했다. 그리고 무엇보다 현대와 비교되는 특징은 대면해서 소통하는 것이 절대적으로 다른 점이다. 따라서 나만의 사생활과 익명성이 보장되지 않는다는 단점이 있었지만, 원하든 원하지 않든 간에 공동체에서 고립되거나 외로울 틈이 없다.

현대 사회는 물리적 거리를 초월한 거대한 네트워크로 연결된 세상이다. 인터넷과 스마트폰의 등장으로 우리는 훨씬 쉽고 간편한 소통을 내가 원하는 때에 즉시 시도할 수 있다. 도시는 사람들로 가득하고, 나를 찾는 스마트폰의 소셜 미디어와 문자메시지의 알람이 끊임없이 울린다. 개인은 지역 공동체로부터, 심지어 가족으로부터 독립하여 파편화되었고, 누구의 간섭도 없이 인터넷 세상에서 활발하게 나의 일상을 공유하고 소통한다. 나는 이제 혼자 살아도 아무 문제가 없고 오히려 자유와 익명성을 즐기며 인터넷 속 친구들과 더 많은 연결, 더 따뜻한 소통을 하며 지낼 수 있다. 그러나 우리는 그 어느 때보다 외롭고 공허하다. 왜일까?

튀지 않고 그저 도시의 익명성에 기대서 살고 싶은 현대의 나로서는 전통적 방식의 소통이란 매우 귀찮은 일이다. 사생활의 경계도 없이 선을 넘어 마구 헤집고 들어오는 가족과 이웃들이 몹시 부담스럽기 짝이 없다. 그러나, 결론 내릴 수 있는 분명한 한 가지는, 외로울 틈이 없었을 거라는 사실이다. 대면과 대화로 얻어지는 사회적 유대감은 좋은 일이든 슬픈 일이든, 내 감정을 표현하고 분출하는 일과 내 연약함을 드러내어 도움을 요청하는 일을 매우 자연스럽게 도와준다. '한 아이는 온 마을이 키운다'라는 말이 있듯이, 대가족을 포함한 지역 공동체가 인간의 선에 대한 믿음으로 너와 나를 구분 짓지 않고, 타인의 일도 마치 내 일처럼 거들고 나서서 공동체 일원을 살폈다. 공동체 속에서 실수해도 따뜻하게 용서받으며, 용기 내어 큰 과제에 도전한다면 응원 받을 것이란 든든함과 믿음이 있다. 어떤 나쁜 일을 겪어도, 어떤 구렁텅이에 빠져도, 내 등을 두드리며 그 정도 일은 아무것도 아니라는 먼저 생을 살아가는 선배들의 위로 한마디면 엉엉 울어버리고 털어 낼 수 있을 것이다. 굳이 정신과 상담을 받으러 가서 생판 모르는 남에게 비용을 지불하고 울며불며 내 감정을 토로하지 않아도 된다는 말이다.

우리는 역설적으로, 나를 얼마든지 자유롭게 표현할 수 있는 인터넷 세상에서 끊임없이 '행복한 모습'만을 보여야 한다는 압박 속에 제한적이고 정형화된 모습만 보여준다. 특히 소셜 미디어에서는 모두가 더 멋지고 행복해 보이기 때문에 나만 뒤처진다는 압박감과 스트레스 상황에 빠지기 쉽다. 타인의 성공적인 모습만 부각하는 이 어리석은 도구는 보는 사람들에게 시기심과 열등감 같은 부정적 감정을 유발한다.

혹자는 말한다. 소셜 미디어의 존재 이유는 자랑하기 위해서라고, 자랑을 보면서 열패감이나 느낀다면 당장 끊으라고 말이다. 그러나 스마트폰을 손에 쥐고 있는 이상, 남들을 들여다보고 싶다는 관음적 유혹에 시달리지 않을 수 없다. 인간의 불안감과 의심을 상징하는 오르페우스와 에우리디케의 그리스신화처럼, 스마트폰을 보지 말라는 명령은 우리의 불안을 자극한다. 뒤를 돌아보지 말라는 단순한 명령도 지키지 못하고 사랑하는 에우리디케가 잘 따라오는지 너무나 궁금했던 오르페우스의 불안이 끝내 에우리디케를 지옥으로 보내 버린 것처럼, 스마트폰의 유혹은 너무나 강렬해서 스스로 지옥 같은 사이버 세상에 기꺼이 들어간다.

자랑과 허세만이 가득 찬 사이버 세상에서, 내가 느끼는 외로움이나 슬픔은 남들에게 말할 수 없는 약점처럼 느껴진다. 연약함은 타인의 공격과 멸시를 불러오고, 그래서 점점 더 자신의 솔직한 감정을 숨기면서 혼자만의 세계로 숨어드는 악순환에 빠진다. 외로움과 고립감은 전통적 공동체의 유대감이 사라진 후, 단편적인 상호작용만이 지배적인 거대 네트워크 세상에서 다른 사람들과 진정으로 연결되어 있다는 느낌을 받지 못할 때 더욱 기승을 부린다. 혼자 산다는 것은, 어쩌면 내 감정을 솔직하게 드러내는 방법을 통제해야 한다는 뜻인지도 모른다.

하루를 회사에서 힘들게 버티고 집에 돌아오면, 그날 나를 지배했던 여러 가지 감정들을 밖으로 건강하게 표출해야 한다. 우리는 회사에서 사회적 가면을 쓰고, 또 다른 페르소나로 활동하느라 지친 나의 감정을 따뜻하게 위로받고 공감받고 싶어진다. 그러나 혼자 사는 이들은 이런 진심 어린 대화나 공감 가득한 무언의 스킨십을 포기한다. 그 대가로 얻은 무한한 자유가 있지만, 그 자유는 저녁을 대충 배달 음식으로 때우거나 바로 침대로 직행하여 스마트폰을 쥐고 또 다른 사이버 세상으로 출근하는 데에 사용한다. 나도 모르게 스멀스멀 찾아오는 우울감은 외로움과 고립감의 그림자다. 어느 날 문득, 더 이상 살아가는 데에 의욕이 없음을 느끼고, 어떤 이들은 정신과로, 어떤 이들은 속으로 삼키며 그렇게 자신의 감정을 무심히 다룬다.

　정신과나 심리상담소로 향하는 이들은 오히려 자신을 살펴보는 감각이 매우 뛰어나고 적극적인 사람이다. 혼자 살면서 절대적으로 부족한 소통, 연대감, 진실한 공감 등을 정신과에서 비용을 지불하고 채운다. 자신의 이야기를 하고, 그 이야기에 따라오는 감정을 다시 끌어올려 표출해 낸다. 절규나 눈물 등으로 자신을 정화하고 다소 시원해진 마음으로 병원을 나선다. 그러나 자신의 상태를 살펴보거나 헤아리는데 무덤덤한 사람들은 혼자 살면서 느끼게 되는 외로움이나 우울감의 신호를 평소에는 거의 느끼지 못한다. 남들도 이 정도는 힘들지 않나, 하며 자신의 힘듦을 평가절하하거나, 이 감정을 강제로 누르면 누르는 대로 덮어질 거라고 가볍게 생각한다.

　그러나 부정적인 감정의 무게는 우리가 생각한 것보다 훨씬 대단해서, 아무리 견고하게 둑을 쌓고 벽돌로 막아도 언젠가는 어디서 무너졌는지 원인을 알 수 없을 정도로 파괴적으로 무너진다. 몸의 반응이 느껴진다면 마음은 이미 병들고 지쳐, 손쓰기 어려운 상태가 된다. 그 결과, 치료가 어려운 중증의 우울증으로 발전하거나, 자기 파괴적이고 극단적인 선택으로 이어져 생전의 자신이 생각지도 못했던 고독사의 주인공이 되어서 뉴스의 작은 꼭지를 차지하고 마는 것이다.

혼자 사는 사람들은 1인 가구 구성 사유에 상관없이, 자신이 스스로를 살펴보고 보듬어 줄 자세가 되어 있어야 한다. 가족을 포함한 타인과의 소통에서 그 빈도수가 물리적, 절대적으로 적을 수밖에 없으므로 외로움과 우울감이라는 감정이 필연적으로 따라온다. 자신이 그런 부정적인 감정에 취약하다면, 대책을 세우기 전에, 자신이 외로움과 우울감에 취약하다는 사실을 자연스럽게 인지하고 수용해야 한다. 사람의 모습은 '십인십색+人+色'이란 말처럼 다 제각각이다. '왜 나만'이란 생각 속에서 부정적 감정을 강화하기 전에, 혼자 사는 1인 가구라면 외로움은 친구처럼 평생 같이 가는 동반자로 수용하는 것이 좋다. 어차피 가족이나 동거인이 있어도 외로운 사연은 차고도 넘친다. 내가 불행해야 할 이유만을 찾지 말고, 지금보다 더 행복할 수밖에 없는 이유를 찾아보자. 혼자 사는 것은 내게 주어진 페널티penalty, 불이익가 아니다. 여러 가지 삶의 다양한 방식 중 하나일 뿐이다.

고립과 불안감,
그리고 경제적 어려움

1인 가구가 늘어나면서 고독사에 대한 우려도 커지고 있다. 인적 네트워크가 공고하지 못한 개인이 어떠한 신호 없이 홀로 사망할 위험이 많고, 이는 심각한 사회 문제가 된다. 고독사를 예방하기 위해서는 사회적 지원과 안전망이 강화되어야 하며, 이는 정부의 복지 예산 증가로 이어질 수밖에 없으므로 공공 복지 시스템에 부담을 준다. 고독사 발견 이후 처리 절차나 장례 지원, 유족이 없는 경우 국가가 책임지는 부분에서 재정적 부담이 커지고, 이는 일반 국민이 떠안는 세금 문제로 커진다.

혼자 사는 1인 가구는 현실적으로 어떤 문제를 겪고 있을까? 그들이 가장 힘든 문제는 무엇이며, 홀로 해결할 수 없어서 사회 시스템이 도와줘야 하는 문제는 무엇일까? 혼자 살아간다는 것은 반드시 고독사라는 안타까운 상황으로 귀결될 수밖에 없는 걸까?

고립과 불안감

불확실한 미래에 대한 걱정이나 사회적 관계망으로부터 멀어지고 있다는 고립감은 내 안전에 대해 심각한 불안감을 느끼게 한다. 무엇보다 건강 문제나 사고와 같은 긴급 상황에서 즉각적인 도움을 받기가 어렵다는 사실은 내 삶을 지속하는 데에 치명적인 불안감을 증폭시킨다. 앞서 거론한 나의 동료 선생님처럼 과열된 전기장판에 누워있다가 살이 짓무른 것도 모르고 잠이 들어 큰 사고를 겪었던 사례나, 내 어머니의 낙상사고에서 보듯이 옆에 동거인이 없다는 것은 혼자 사는 사람이 안전에 매우 취약하다는 것을 보여준다. 당장, 나의 안전을 위협하기에 일상에서 무거운 부담감과 불안을 가질 수밖에 없으며, 이는 내가 사회적으로 고립되었다는 좌절감을 느끼기도 한다.

혼자 사는 이들에게 가장 흔한 위험은 집안에서의 낙상이다. 주로 고령층 1인 가구에서 문제가 두드러지지만, 젊은 세대도 안전하지 않다. 아무도 없는 집에서 조금도 움직이지 못하는 상태가 되어 도움을 요청할 방법도 없다는 것은 생각만 해도 아찔하다. 물론 이것도 의식이 있을 경우이고, 만약 머리에 상해를 입고 의식을 잃었다거나, 충격으로 기절했다면, 그 뒤는 감히 예상할 수도 없다. 작은 사고라도 1인 가구에는 치명적 위기로 이어질 수 있다.

진수 씨는 한때 유명 정치인의 보좌관으로 일했었다. 그는 정치인을 도와 시민들에게 도움이 되는 정책을 세우고, 언론과 접촉하며, 국회에서 활동하는 일을 좋아했다. 언젠가 자신도 정계에 입문할 수 있다고 생각했지만, 생각보다 정계 진출은 녹록하지 않았다. 어느 날, 나이가 50을 훌쩍 넘기고 있을 때야 비로소, 자신의 이상을 이룰 수 없다는 걸 깨닫고 그동안 공적으로 알아 왔던 사람들에게 구직의사를 밝혔다. 그러나 나이가 많은 것과 다른 계통의 경력을 조금도 쌓지 못한 점이 구직에 큰 걸림돌이 되었다. 수십 장의 이력서를 쓴 이후, 구직을 완전히 포기하게 되었고, 결혼 역시 불가능하다는 걸 받아들였다. 그는 매일 밤 막걸리를 마시며 마음을 달랬고, 마침 아파트 옆 동에 결혼한 후배가 살고 있어서, 가끔 후배를 불러내어 넋두리하며 시간을 보냈다.

어느 날, 후배는 전화를 받지 않는 진수 씨가 걱정되어 집에 갔다. 후배는 이미 알고 있는 현관 비밀번호를 누르고, 문을 열고 들어가 보니, 진수 씨가 현관 앞에서 많은 피를 흘린 채 쓰러져 있었다. 거실에 나뒹굴고 있는 막걸리병들과 엄청난 피의 양에 놀란 후배는 진수 씨의 자살임을 직감하고 경찰에 신고했다. 그동안 보여주었던 진수 씨의 낙담한 모습은 자살이라 해도 이상하지 않았다. 장례식날 진수 씨의 가족들에게 들은 사인은 놀라웠다. 진수 씨는 막걸리를 마시고 많이 취하여 집 안 어딘가에 부딪혔고, 그 상처에서 피가 쏟아졌다. 만취한 진수 씨는 몸을 가누지 못하고 쓰러졌으며, 술기운에 통증도 잊은 채 잠이 들었다. 그사이 출혈이 심해져 의식을 찾지 못하고 며칠간 방치되었다. 경찰이 예상하는 사인은 과다출혈로 인한 실혈사이며, 정확한 것은 부검 후에 알 수 있다고 했다.

화재는 또 다른 주요 위험 요소다. 특히, 원룸이나 소규모

주택에 거주하는 경우 화재 발생 시 빠르게 대피하지 못하거나 초기 진화를 시도하다 오히려 더 큰 위험에 처할 수 있다. 1인 가구는 대피 과정에서 도움을 받을 수 있는 가족이 없기 때문에, 사전에 화재경보기나 소화기를 비치하는 등 스스로 보호할 방안을 마련해야 한다. 그러나, 필요한 준비를 했음에도 불구하고, 화재가 발생하면 예측 불가능한 연기나, 불길 등의 원인으로 먼저 정신을 잃을 수 있어서 이 역시 완전한 해결책은 아니다.

"경북 포항시 대송면의 한 5층짜리 다세대 주택 4층에서 화재가 발생했습니다. 소방 당국이 출동해 40분 만에 진화했는데, 홀로 집 안에 있던 50대 남성 1명이 심정지 상태로 발견돼 병원으로 옮겨졌습니다." (연합뉴스TV, 2024.10.10.)

갑작스러운 질병은 신체적 고통뿐만 아니라 심리적 고립감을 더욱 키운다. 병원 방문이 어려운 상황에서 상태가 악화하거나, 밤사이 응급 상황이 발생한 경우, 누구에게도 도움을 요청하지 못한다는 불안감이 크다. 특히 독감이나 코로나19와 같은 전대미문의 전염성 질환에 걸린다면 자가격리 중 지원 부족으로 어려움을 겪고, 생명의 위협마저 느낄 수 있다.

실제로 우리는 코로나19 팬데믹 동안 1인 가구의 고독사 문제가 매우 심각한 상태라는 것을 보았다. 사회적 거리두기와 봉쇄 조치로 인해 사회적 고립감이 심화되었고, 이는 고독사 증가로 이어졌다. 2022년 보건복지부와 한국보건사회연구원의 '고독사 예방 실태조사 연구'에 따르면, 1인 가구의 78.8%가 고독사 위험군으로 분류되었다. 특히 중·고위험군은 22.4%에 달했으며, 이는 코로나19로 인한 사회적 단절이 주요 원인 중 하나로 지목되었다.

또한, 국민의 32.3%가 자신이 고독사할 가능성이 있다고 응답했으며, 1인 가구의 경우 이 비율이 45%를 넘었다. 이는 코로나19로 인한 사회적 고립감이 고독사에 대한 우려를 증폭시켰음을 보여준다. 연령대별로 보면 30대가 39.53%로 가장 높게 봤다. 이어 40대 33.16%, 50대 32.01%, 60대 이상 29.84%, 19~29세 29.58% 순이었다. 중추적 역할을 하는 사회구성원층인 30~40대에서 고독사의 가능성을 가장 많이 예상하는 것은, 심각한 현상으로 받아들여야 한다.

코로나 팬데믹이라는 생소한 고립 기간을 거치면서, 우리는 혼자 살면 고독사할 가능성이 크다는 막연한 두려움과 불안감이 눈앞에서 생생한 현실로 벌어지는 것을 보았다. 사회적 단절과 고립이란, 신체적 질병으로 인한 단절 이상으로 사람에게 절대적인 영향을 미치며 인간이 건강한 삶을 유지하는 데에 가장 중요한 것이 무엇인가에 대해 처음부터 다시 생각해 봐야 하는 계기를 제공했다. 사람들은 이제, 기존의 1인 가구뿐만 아니라, 자신도 1인 가구로 살아갈 가능성이 크다고 예상하게 되었고, 사회적 단절과 고립이 불러오는 불안감과 두려움에 대해 구체적이고 현실적으로 생각하게 되었다.

경제적 어려움

1인 가구는 생활비와 주거비 등 모든 비용을 혼자 부담하기 때문에, 경제적으로 더 큰 부담이 따를 수 있다. 대도시에서는 높은 임대료와 생활비가 상당한 재정적 스트레스를 유발하는데, 특히 중장년과 노년의 개인에게 미치는 스트레스가 크다. 그들은 경제활동이 끝난 은퇴 시기에, 노후의 휴식과 재정적 안정을 기대하지만, 실제로는 매우 불안한 상태에 놓이게 된다. 유연하지 못한 고용시장에서 정년 연장이나 재취업은 기대하기가 매우 힘든 실정이다.

앞서 거론한 진수 씨의 경우를 보면, 그는 고등교육을 받은 후 촉망받은 정치인 보좌관으로 일했지만, 중년의 나이가 넘어 재취업을 하고자 했을 때 경력을 살려 이직을 할 수 없는 상황이었다. 서양권 국가는 노동시장이 매우 유연해서 근로조건 자체가 언제 해고당할지 모르는 불안정한 계약이지만, 그럼에도 자기 경력을 가지고 이직과 퇴직이 자유로워서 곧바로 새로운 출발을 계획할 수 있다.

우리나라의 노동시장에서 나이가 많은 구직자가 가능한 직업은 우리가 3D라고 부르는 직종이다. 남자는 주로 경비, 막노동, 운전, 택배 등이고, 여자는 미화, 돌보미 등의 직종에서만 재취업의 수요가 있는 편이다. 한국개발연구원^{KDI}의 〈직무분석을 통해 살펴본 중장년 노동시장의 현황과 개선 방안〉 보고서에 따르면, 연령에 따른 직무 분석 결과 취업자들은 청년기에 자료 분석, 조직관리 등 전문적 업무를 주로 수행하다가 중년기 이후 육체적 단순노동에 종사하는 것으로 나타났다. 이렇듯, 중장년층은 구직활동에서 이제껏 쌓아 온 경력과 임금 수준을 포기할 수밖에 없는 동시에 새로운 노동시장으로 편입하기 힘든 상황에 놓이고, 재정적 문제는 생존과 직결되어 심각한 불안감을 초래한다.

이들은 경제적 부담 중 주거환경 측면에서 가장 큰 문제를 겪고 있다. 일자리가 많은 대도시의 주거비는 1인 가구의 소득 중 종종 40~50% 이상에 달한다. 교통이 편리하고 주거지 환경이 쾌적할 경우, 월세는 약 50만 원 이상이며, 보증금 역시 500만 원에서 1억 원 이상도 있다. 이러한 상황은 생계비, 의료비, 교육비, 저축 등 다른 필수 지출 항목에 쓸 여력을 크게 제한하고, 저축과 자산 형성에 어려움을 느끼게 한다. 게다가 월세나 전세 대출 상환 부담으로 인해 저축은커녕 부채가 늘어나는 경우도 많으므로, 집 마련, 은퇴 준비 등의 장기적인 재정 목표를 세우기는 더더욱 어려운 실정이다.

높은 주거비를 감당할 수 없어 원룸, 고시원, 반지하 등 열악한 환경에 거주해야 하는 경우가 많이 생기고 이는 습기, 환기 부족, 화재 위험 등의 건강 문제와 심리적 불안정으로 이어진다. 주거비의 상승이 계속되거나 주거 만족도가 떨어지면 지역을 이동하게 되는데, 주로 서울→서울 외곽→수도권→수도권 외곽으로 이동하면서, 출근 시간이 길어지고 교통비가 증가하는 등 추가적인 불편이 발생한다. 이는 일자리의 질 뿐만 아니라, 삶의 질 저하에도 영향을 미친다.

높아지는 월세의 압박감과 잦은 이사 등의 주거와 관련된 재무적 악화는 심리적인 면에도 심각한 영향을 미친다. 빈번한 이사는 안정감을 떨어뜨리고, 주거비를 제때 납부 못하면 강제 퇴거에 대한 위험과 압박감이 생기며, 이는 지속적인 스트레스를 유발한다. 가족, 지인이나 친구들과 물리적 거리감이 생기고, 사회적 연결망이 약해지면서 삶의 질이 크게 떨어지고 불안감과 우울감이 생길 수 있다. 연쇄반응으로 높은 주거비를 감당하기 위해 여가비, 식비, 의료비 등의 소비가 줄어들면서 식습관이 불규칙하거나 영양 불균형에 빠질 위험이 크게 된다. 그 결과, 만성 질환이 발생하거나 건강을 해치게 되어, 이 또한 결국 사회적 비용으로 전가되는 결과를 초래하게 된다.

1인 가구 중에서 중장년층은 거주지를 선택하는 것 자체에도 어려움을 겪을 수 있다. 혼자 사는 사람이 청년이 아니라 중장년이라면 임대인이 고독사 등의 골치 아픈 일을 예상해서 임대를 거부하는 경우가 많다. 임대인 역시, 홀로 사는 중장년의 임차인은 구직에 어려움을 겪고 있고, 재무적으로 좋지 않은 상황일 것이라 짐작하기 쉬우며, 자신 소유의 부동산에서 고독사와 같은 자산가치 하락 요인을 막고 싶을 것이다.

명숙 씨는 70세가 되어가는 1인 가구다. 아들은 독립해서 가정을 꾸리고 예쁜 딸과 살고 있다. 일자리가 있는 지방에서

비록 대출을 많이 받았지만, 아파트를 구매해 안정적으로 살고 있다. 명숙 씨는 아들과 며느리에게 부담을 주고 싶지 않아서 홀로 수도권 변두리에서 작은 아파트를 구해 월세를 내며 생활하고 있었다. 다달이 나라에서 나오는 기초노령연금과 기타 복지 혜택으로 나오는 돈들은 자신의 생활비로 사용하고, 아들이 60만 원에 이르는 월세를 매달 부담하고 있었다. 그런데 월세 비용이 상승하여, 임대계약을 종료하고, 다른 원룸을 구하기 시작했다.

그러나 명숙 씨가 혼자 살 예정이라고 밝히면, 임대인들은 임대를 거부했다. 노인이 혼자 살다가 고독사라도 하면, 그 뒤처리가 난감하다는 이유에서였다. 명숙 씨는 많은 집을 보러 다녔으나, 모두 거절당했고, 결국은 지인들이 많은 생활 터전을 떠나 아들이 사는 아파트 근처에 월세를 간신히 얻었다. 그 집의 임대인도 아들이 근처에 살고 있다는 말을 듣고서야 계약을 진행했다. 명숙 씨는 아들과 며느리에게 부담을 준 점과, 아는 사람 하나도 없는 낯선 곳에서 지낼 생각을 하니, 밤잠을 이룰 수 없었다.

명숙 씨의 경우, 노령 1인 가구의 주거 문제를 잘 알 수 있는 사례다. 결국, 1인 가구일수록 역설적으로 자가 소유의 문제가 절실하다는 것을 보여준다. 재정적으로도 고정 수입이 없는 노년의 시기에 집을 담보로 한 주택 연금도 대비할 수 있다는 점에서 1인 가구의 자가 소유가 필수적이다.

고독사 이후의 문제

혼자 사는 사람들은 자기 삶뿐만 아니라 죽음에 대해서도 미리 생각하고 준비해야 할 필요가 있다. 동거인이 있는 사람이라고 해서 삶과 죽음에 대한 준비가 느슨해도 되는 건 아니지만, 혼자 살수록 자기 죽음에 대해 평소의 소신과 삶의 가치를 고려하여 충분한 준비를 해야 내 뜻과 다른 사후 정리가 되는 것을 막을 수 있다. 고독사는 어감이 좋은 단어는 아니지만, 어쨌든 죽음은 혼자 감당하는 일이므로 1인 가구든, 아니든, 자기 죽음 뒤에 내가 원하는 방식의 주변 정리가 될 수 있도록 준비해야 할 필요가 있다. 내가 홀로 급작스럽게 죽음을 맞이하는 것도 황망할 일인데, 내 죽음의 뒤처리가 결국 남아 있는 사람들의 갈등을 불러오거나, 내가 전혀 원하지 않던 방식의 추모가 된다면 어떨지 눈을 감고 상상해 보라.

죽음 뒤의 사후 처리에 대해서 구체적으로 생각해 본 적 있는가. 살아있는 사람이라면 누구나 한 번쯤은 생각해 봐야 할 중요한 문제다. 아무도 내가 죽은 뒤, 내 죽음이 함부로 취급되거나, 내 의사에 반해서 정리되는 것을 원하지 않을 것이다. 그렇다면 내 죽음 뒤에 현실에서 일어날 수 있는, 생각하기조차 싫겠지만, 어떤 문제보다 우선하고 또한 냉정하게 처리해야 할 사후 정리 문제에 대하여 하나씩 살펴보자.

가장 먼저, 시신 처리와 장례에 추가 비용이 발생할 수 있다. 특히, 시신이 오랫동안 방치된 경우, 추가적인 방역비나 청소비가 들 수 있다. 고독사가 증가하면서 사후 처리를 전문으로 하는 특수청소업체가 주목받고 있다. 이들은 단순히 청소를 넘어, 고독사가 남긴 흔적을 치우고 유족의 심리적 부담을 덜어 주는 역할을 맡는다. 고독사의 특성상, 사망 후 오랜 시간이 지나 발견되는 경우가 많아, 일반 청소로 해결할 수 없는 심각한 오염이 발생할 수 있어서 비용이 많이 나올 수 있다. 장례 비용을 누가 부담할 것인지도 문제가 된다. 사망자가 친족과 연락이 끊긴 상태이거나 법적 상속자가 확인되지 않는 경우, 장례비를 부담할 사람을 찾는 데 어려움이 있다. 이 경우, 국가나 지자체가 장례를 지원하는 사례도 있으나, 이 역시 밟아야 하는 복잡한 행정적 절차가 있을 수 있다.

고독사한 사람이 생전에 채무를 가지고 있었다면, 법정 상속인은 해당 채무를 상속받을 수 있다. 상속인은 상속을 포기하거나 한정 승인(상속한 재산 범위 내에서만 채무를 변제)할 수 있지만, 이를 인지하지 못한 상태로 시간이 지나면 골치 아픈 채무 문제에 얽힐 가능성이 크다. 상속 포기 및 한정 승인 절차는 사망일로부터 3개월 이내에 이루어져야 하며, 기한 내에 이를 알지 못하면 법적 책임을 질 수 있다. 임대료, 공과금, 카드 대금 등의 미납금이 발생할 수 있으며, 사후에 남아 있는 사람들에게 번거로운 영향을 미친다. 가능하다면 생전에 채무가 발생하지 않으면 좋겠지만, 다수의 사람은 재정적 어려움에 채무가 발생하기도 한다. 이 채무에 대해 어떻게 정리해야 할지 생전에 생각해 볼 필요성이 있다.

진경 씨의 아버지는 알코올 중독이 심했다. 가정폭력과 주사를 견디지 못한 어머니는 아버지와 황혼이혼을 했고, 그렇게 아버지와는 소식이 끊겼다. 오랜 시간이 흐른 뒤, 갑자기 타 시도의 구청에서 아버지의 사망 소식을 전했고, 아버지의 많은 부채자산과 장례 문제를 문의해 왔다. 진경 씨는 부랴부랴 형제들과 의논해서 변호사와 상담했고, 그 결과 상속 포기와 한정 승인 절차에 들어갔다. 만약 이 절차를 시간 내에 처리하지 못했으면, 진경 씨와 형제들은 아버지가 남긴 막대한 부채도 상속받아야 하는 불상사가 생겼을 것이다.

사망 이후 채무가 아닌 재산이 남아 있다면, 상속 절차가 복잡해진다. 특히, 법적 상속자가 불분명하거나, 상속인들이 재산 분할에 대해 합의하지 못하는 경우 법적 분쟁이 발생할 수 있다.

대기업에 근무하는 희영 씨는 회사에서 능력을 인정받고 승승장구하는 부장님이다. 남자들도 살아남기 힘든 IT 업계에서 오로지 그녀의 능력으로 일군 성과다. 그녀는 서울에 재건축을 앞둔 작은 평수의 아파트를 소유하고 있고, 얼마 전에는 회사에서 받은 상여금을 모아 소형 외제 차를 할부와 함께 구매하였다. 그녀에게는 결혼한 오빠가 있는데, 희영 씨는 오빠의 딸인 조카를 평소에 자식처럼 아꼈다. 올케는 고모 재산은 다 우리 이쁜 ○○(딸) 것이라며 공공연히 말했다. 비혼주의자였던 희영 씨는 막연하나마 언젠가 죽게 된다면, 자신의 전 재산을 평소에 정기적으로 후원하던 지방의 아동복지센터에 기부하고자 마음먹었다.

그런 희영 씨는 어느 날 아침, 조용히 숨을 거두었다. 희영 씨가 갑자기 사망하고, 민법에 따라 희영 씨의 재산은 3순위 (1순위는 배우자와 직계비속, 2순위는 배우자와 직계존속)인 형제, 오빠에게 상속되었으며, 조카는 오빠 부부의 희망대로 외국으로 유학갈 수 있게 되었다. 그러나 희영 씨의 기부 의사는 누구에게도 알려지지 않았다.

희영 씨는 형제인 오빠와 조카에 대한 사랑이 극진했지만, 유산 중 일부라도 평소 후원하고 있는 아동복지센터에 기부하기를 원했다. 하지만, 평소의 생각은 문서로 남아 있지 않았고, 결국 법적인 효력을 얻지 못했다. 오빠와 그 가족은 희영 씨의 평소 생각을 알고는 있었지만, 적법하게 상속받은 재산을 포기할 생각은 없었다. 이런 경우, 고인의 유지를 받들어, 기부에 동참할 수 있는 사람은 별로 없을 것이다. 희영 씨는 친족에 대한 사랑과 별개로 자신의 유산을 자신의 계획대로 쓰지 못했다.

사망자가 유언 없이 사망한 경우, 법정 상속인(주로 배우자, 자녀, 부모, 형제자매 등)에 의해 재산이 상속된다. 상속자가 없거나, 확인되지 않은 경우, 상속 절차가 복잡해진다. 유언장이 없으면 상속은 민법상 법정 상속 순위에 따라 진행된다. 하지만 유언장이 있으면 유언에 따라 재산이 분배된다. 유언장이 적법하지 않거나 분쟁이 발생할 수 있는 경우, 법적 다툼이 있을 수 있다.

희영 씨는 유언장을 남기지 않았지만, 유언장을 남겼다고 가정하면, 다음과 같이 진행된다.

유언장은 사망자의 재산 처분 의사를 법적으로 명확히 나타낸 문서로, 법적인 효력이 있다. 따라서 유언장에 전 재산을 기부하겠다고 적으면 그 유언이 기본적으로는 유효하며, 해당 재산은 기부처로 넘어가게 된다. 다만 법정 상속인에게는 유류분이라는 최소 상속권이 보장되기 때문에, 법정 상속인이 유류분 청구를 하면 전 재산을 기부하려는 유언이 제한될 수 있다.

사망자가 생명보험에 가입한 경우, 상속인들이 보험금을 청구하는 과정에서 서류나 절차상의 문제가 발생할 가능성이 크다. 고독사의 경우 발견이 늦어져 사망 시점이나 사망 원인에 대한 불확실성이 있을 수 있으므로 보험금 청구 절차가 복잡해진다. 또한, 보험 가입 당시, 사망자가 미리 정해놓은 상속인이 친족이 아닌 경우, 분쟁이 될 수 있다. 상속인들이 고독사 사실을 늦게 알게 되어 보험금 청구 기한을 놓칠 수도 있고 사망자의 계좌, 부동산, 기타 자산에 대한 접근이 어려워질 수 있다. 법정 상속인들이 이를 찾고 처리하기까지 시간이 걸릴 수 있으며, 이 과정에서 재산이 손실되거나 도용되는 위험도 있다.

대법원 사법연감에 따르면, '상속재산의 분할에 관한 처분 사건'은 2014년 771건에서 2023년 2,945건으로 약 3.8배 증가하여 역대 최다를 기록했다. 또한, '유류분 반환 청구 소송'도 2014년 831건에서 2023년 2,035건으로 2.5배 증가했다. 이 같은 상속 분쟁 증가의 원인으로 부동산 가격의 급등과 변화된 가족에 대한 인식이 꼽힌다. 드라마나 영화의 영향으로 상속 분쟁이 재벌가에서만 일어날 거라는 우리의 예상과는, 달리 고액 자산가가 아니더라도 부동산 가치가 급등하면서 일반인들이 남기는 상속액도 상당해 상속 사건이 많아졌다.

이에 더해 과거에는 부모를 모시는 장남에게 재산을 더 물려주는 것이 용인되었으나, 형제, 자매 등 가족과의 유대관계도 약해져 죄책감 없이 법적 분쟁을 통해서라도 재산을 상속받고 싶은 것이다. 상속 분쟁의 증가는 가족 간 갈등이 심화하고 있음을 보여주고 있어서, 사전에 명확한 유언장 작성 등으로 분쟁을 미리 예방하는 노력이 필요하다.

승헌 씨는 사업가이자 미혼이다. 부모님이 생존해 계시고,

5명의 형제 중 승헌 씨는 둘째다. 승헌 씨는 불의의 교통사고로 생을 달리했고, 장례식이 끝나기도 전에 승헌 씨의 가족은 몸싸움까지 하는 지경에 이르렀다. 평소 승헌 씨의 부모님은 장남을 끔찍이 위했고, 승헌 씨의 상속재산을 장남에게만 물려주려고 했다. 딸들은 해외에 사는 장남보다 집안 대소사 처리와 병원 방문 등 자신들이 부모님을 실질적으로 돌보았음에도 불구하고, 모든 재산을 장남에게만 증여하려는 부모님에 대해 강하게 반발하며 법적인 분쟁에 들어갔다.

딸들은 부모에게 정기적인 용돈을 드리고 있었으며, 승헌 씨 역시 상당한 금액의 용돈을 부모에게 드렸으나, 부모가 그 돈을 모두 장남에게 송금하고 있다는 사실은 승헌 씨의 죽음 뒤에야 밝혀졌다. 이는 주변에서 볼 수 있는 매우 흔한 사례이다. 실질적 부양은 승헌 씨와 딸들이 했음에도 상속은 장남에게, 부양은 다른 자식들에게 받으려던 부모에게 반발하여 법정까지 다툼을 이어가게 된 경우다. 승헌 씨는 자신이 생전에 어렵게 이룩한 상당한 재산이 별다른 교류 없이 지낸 해외 거주의 형에게 모두 상속된다는 것을 미리 알았거나, 혹은 그걸 원했을까? 혼자 살수록 자기 삶과 죽음을 미리 준비해야 하는 이유다.

사망자가 1인 가구였을 경우, 사망 사실을 누가 신고하고 재산을 관리할 것인지에 대한 문제가 발생할 수 있다. 법정 상속인들이 사망 신고 및 재산 관리 절차를 처리해야 하지만, 이를 신속하게 하지 못한 경우, 재산 손실이나 법적 책임이 발생할 수 있다.

　영철 씨는 건설 현장에서 막노동으로 생계를 유지했다. 수입의 일정 부분은 고시원 비용과 술값으로 쓰였고, 고시원에서 홀로 지내다 심장마비로 생을 마감했다. 뿔뿔이 흩어져 살던 가족들은 영철 씨의 죽음을 외면했고, 국가에서 영철 씨의 장례를 치르고 화장했다. 장례를 치르고 난 뒤, 나중에 영철 씨에게 1억 이상의 예금자산이 있다는 사실을 알게 된 가족들은 국가에 그 자산이 귀속되기 전에 자신들이 차지하고자 법정 다툼을 시작했다.

혼자 산다는 것에 대하여

- 인터뷰 -

혼자 산다는 것은 여러 가지로 지난한 과정이다. 혼자 사는 것의 장점도 많지만, 그 끝은 항상 죽음을 향해 있기에 동거인이 있는 경우보다 삶에 대한 태도가 더 부지런해야 한다는 것은 부인할 수 없다. 물론, 동거인이 있다는 사실이 혼자 사는 사람의 상황보다 항상 유리한 고지에 있다는 것은 아니다. 그들도 그저, 인생의 고달픔과 허무함을 건디지 못하고 결혼이나 동거로 나름의 방법을 모색했을 수도 있다. 우리는 매 선택의 기로에서 자신의 방식으로 삶의 형태를 선택해 왔을 뿐이다.

혼자 사는 1인 가구 형태는 앞으로 우리 사회의 가장 많은 부분을 차지할 수 있고, 가장 많은 영향을 끼칠 생존방식일 수 있다. 따라서 이들이 무엇을 말하고 무엇을 생각하는지 그들의 일상을 살펴보고, 지금 한국 사회에서 1인 가구로 혼자 산다는 것은 어떤 것인지 내밀한 목소리를 듣기 위해 인터뷰를 통해 알아보았다.

〈인터뷰 1〉

인선, 35세, 비혼, 이직 준비 중

나 ｜ 자기소개를 부탁드립니다.

인선 ｜ 저는 35세 이직을 준비 중인 비혼 여성입니다. 여러 공기업에서 회계 담당 계약직으로만 12년 근무했고, 정규직 전환에 실패해서 사기업에 취업하려고 합니다.

나 ｜ 1인 가구로 살게 된 계기가 무엇인가요?

인선 ｜ 저는 지방에서 올라왔습니다. 제가 살던 곳은 일자리가 부족하기도 했고, 대학을 서울에서 졸업했기 때문에 일찌감치 자취 생활을 시작했습니다. 1인 가구 경력이 15년이 넘네요.

나 | 그럼, 자기 계발과 일자리를 위한 자발적인 1인 가구 생활을 시작하신 거군요.

인선 | 네, 제 꿈이 가족으로부터의 독립이었는데, 비교적 일찍 꿈을 이룬 셈이에요.

나 | 혼자 사시면서 특히, 심리적으로 힘든 부분은 없으셨나요?

인선 | 굉장히 아픈 경험이 있습니다. 제가 대학을 졸업하고 공기업 채용에서 떨어져서 계약직으로 첫 직장생활을 했는데요, 회사 근처에 오피스텔을 얻었습니다. 그런데, 제가 나이가 어린 것도 있고, 아직 세상 물정을 몰라서 말로만 듣던 전세 사기를 당했습니다. 그때 가족이 옆에 있거나, 도움받을 만한 사회 경험이 풍부한 사람이 곁에 있었다면 그렇게 힘들지 않았을 텐데 하는 아쉬움이 있습니다.

나 | 그때 굉장히 힘드셨을 거 같아요. 어떻게 이겨내셨나요?

인선 | 처음엔 저의 어리석음을 탓했지만, 나중엔 저 혼자서는 어떻게 해도 막을 수 없는 사고였다고 생각해요. 저와 비슷한 경험을 다룬 웹툰이 있어서, 그걸 보면서 위안

을 삼았어요. 나만 그런 건 아니었구나, 하지만 수업료가 비싼 경험이었어요.

나 | 정말 안타까운 경험인데요, 인터넷에서 웹툰을 보며 결국 혼자 견디신 셈이군요.

인선 | 네. 어차피 다른 사람들에게 얘기해 봤자, 달라질 건 없으니까요. 혼자 극복하는 데에 어려움을 겪었고, 누군가의 도움을 바라기도 했지만, 결국은 제가 넘어야 할 고비였어요. 그러나 저는 여전히 1인 가구 생활에 만족합니다. 저의 시간과 공간을 자유롭게 사용한다는 점에서 가족과 지낼 때보다는 훨씬 편하고 좋습니다. 다만, 가끔 내가 여기서 뭘 하고 있나 하는 생각이 들면 혼자 사는 것에 회의가 들 때가 있어요. 온종일 말 한마디 안 한 날도 많고, 제일 말을 많이 한 날은 밖에 나가서 커피숍에서 주문할 때나 편의점에서 물건을 살 때인 것 같아요. 그런데 그마저도 키오스크를 이용하면 커피숍 직원과 말할 일이 없고, 편의점에서도 물건 바코드 찍고, 카드 내고, 결제 끝나면 카드 뽑아서 나오기 때문에 더더군다나 말할 일이 없습니다.

나 | 아, 사람과 말 한마디를 나눌 수 없는 날이 있으시군요.

인선 | 네, 그래서 일부러 사람과 대화하기 위해, 재래시장에 가서 물건을 사기도 해요. 일부러 계획하고 밖에 나가지 않으면, 아예 나갈 일도 없으니까요.

나 | 그렇겠네요. 사람은 사회적 동물이라는 말이 맞는 걸 느낍니다.

인선 | 저도 처음에는 대화가 없어도 충분히 즐겁게 살 수 있다고 생각했어요. 공부도 인터넷 강의를 이용하고, 쉴 때는 각종 OTT 플랫폼에서 영화나 영상을 보고, 친구들과는 SNS로 소통하면 되니까 불필요한 시간 낭비를 줄여서 취업 준비를 할 수 있다고 말이죠. 그런데, 그렇게 대화를 오랫동안 안 하는 시간이 늘어나니, 머리가 멍해지는 느낌이 들었어요.

나 | 맞아요, 너무 오랫동안 말을 하지 않으면, 입에서 단내가 난다고 하죠.

인선 | 네, 대화라는 게, 꼭 중요하게 할 말이 있어서라기보다는, 자신의 감정을 표현하기도 하고, 제 느낌을 전

달하고 공유하고 싶은 목적도 크기 때문에, 대화를 오랫동안 못하면 심리적으로 굉장히 우울하고 피폐한 상태에 쉽게 빠지는 것 같아요. 마음이 맞는 상대와 대화만 해도 풀릴 수 있는 가벼운 문제가, 혼자 깊이 생각만 하면 이상하게 어둡게 가라앉아요. 한번은 오랜만에 친구를 만나서 신나게 대화했는데, 어느 순간, 저만 흥분해서 떠들고 있다는 걸 깨달았어요. 그런데 진짜 고민은 집으로 돌아오는 길에 시작되었죠. 혹시 그 친구가 내가 말한 얘기를 다른 친구에게 전하거나, SNS에 올리는 일이 생길까 봐 겁이 났어요. 요즘처럼 쉽게 SNS에 올리는 세상에서 사람들을 온전히 신뢰하기가 힘들어졌어요.

나 | 혹시 정부에서 하는 1인 가구를 위한 혜택에 대해서 알아보셨나요?

인선 | 병원 동행 서비스에 대해서는 들어봤어요. 그리고 청년 대상 주거 지원 사업도 들어봤죠. 저는 혼자 살면서 갑자기 아파서 못 움직일 때, 어떻게 병원에 갈지 너무 걱정스러웠어요. 정말 급하면 119도 있지만, 함부로 전화하

기도 두려워요. 이 정도 아픈데 119를 이용해도 될지 자신이 없어요. 그리고, 안심귀가 서비스도 들어는 봤는데, 실제로 이용해 본 적은 없어요. 그냥, 그런 서비스를 이용하는 게 부담스럽기도 해요. 무섭고 두렵지만, 막상 필요할 때는 용기가 나질 않아요. 가족이 가장 만만하고 편하긴 한데, 타인이나 국가의 도움을 받으려고 하면 어려워요.

나│ 청년임대주택에 대해서는 들어 보셨나요? 아무래도 1인 가구는 주거 안정성이 가장 필요하니까요.

인선│ 좋은 제도이지만 조건이 까다로워서, 제 주변에 실제로 성공한 사람은 드물어요. 행정적인 조건을 따져서 신청해도 될지 고민이 되었어요. 그런 점에서 1인 가구들이 생활의 궁금증에 대해 도움을 받을 수 있는 커뮤니티가 있었으면 좋겠어요. 서로를 간섭하지 않고 느슨하게 연대하면서 서로 도움을 주고받을 수 있는 그런 커뮤니티요. 이왕이면 제가 사는 동네에서 그런 분들하고 소통하고 싶어요.

나│ 지금 인선 씨가 느끼는 가장 큰 고민은 무엇일까요?

인선│ 그건, 아마도 제가 갑자기 세상에서 없어져도 아무도 모를 것 같은 두려움과 고립감이요. 저의 집을 찾아올 사람이 없어요. 가족들과의 연락도 뜸하고, 친구들과는 SNS로만 소통해요. 친구들 근황이 궁금하거나 만나고 싶은 생각이 들면, 먼저 SNS부터 찾아봐요. 지금 올라온 피드들을 보면, '아, 이 친구는 지금 굉장히 재미있게 살고 있구나' 하면서 괜히 제가 위축됩니다. 그럼 메시지를 보내려다가도 포기하고, 그러다 보면 서서히 연락이 끊어지는 친구들도 꽤 됩니다. 극단적인 생각일 수 있는데, 갑자기 죽을 수도 있겠다. 그렇지만 발견이 늦어져서 저의 마지막 이 끔찍한 모습으로 사람들에게, 그리고 SNS 속 화려한 모습의 친구들에게 알려질까 봐 두려워요. 오랫동안 대화해 본 적도 없고, 어쩌다 이렇게 입을 열게 되면, 말이 어눌해진 것 같은 이상한 느낌이 들어요. 이렇게 고립되어서 사는 취업 준비기간이 대책 없이 길어진다면 나중에 제 모습이 어떻게 변할지 고민이 됩니다.

나 | 아무래도 여성이라서 겪는 불편함과 무서움도 있을 것 같아요.

인선 | 갑자기 모르는 사람이 벨을 누를 때 정말 섬찟해요. 올 사람이 없는데 누군가가 문을 두드린다거나 벨을 누르면 공포감이 큽니다. 그리고 사는 곳이 1층인데 창문을 열 수 없는 것도 힘들어요. 창문을 열고 자다가 봉변당한 사람들의 얘기를 많이 들었거든요. 주거 공간이 안전해야 하는데, 그러기 위해서는 어쩔 수 없이 비용이 많이 들어요. 어쨌든 빨리 취업에 성공하고 싶네요.

─〈인터뷰 2〉─

영균, 50대, 사별, 기러기 아빠, 정년퇴직 직전

나 | 자기소개 부탁드립니다.

영균 | 저는 배우자와 사별한 50대 직장인입니다. 외동아이가 있는데 외국으로 유학을 보냈고, 저는 지금 다니는 직장에서 정년퇴직할 예정입니다.

나│그럼, 어쩔 수 없이 비자발적으로 1인 가구가 된 경우네요.

영균│그렇습니다. 아이 엄마와는 7년 전에 사별했고, 제게는 하나뿐인 자식이라, 원하는 대로 해주고 싶었습니다. 사실 집에 가면 아무도 없어서, 늘 아이가 재잘대며 떠드는 소리를 듣고 싶은데, 일주일에 몇 번 하는 화상통화도 감지덕지죠. 워낙 공부가 바쁘다고 해서요.

나│근무 시간 이외에 혼자 보내는 시간이 많으실 것 같은데, 어떻게 보내시나요?

영균│처음에는 혼자서 TV를 주로 봤습니다. 외로우니까 집에서 술도 한잔 마시고요. 그러다가 매일 술을 마시는 저를 문득 깨닫고, 이러다 알코올 중독이 되겠다 싶었죠. 아이의 조언에 따라 동네 배드민턴 동호회에서 활동하며 술을 끊었습니다. 근데, 동호회 활동이 끝나고 2차 모임에 참석하면서 다시 술을 마시게 되었습니다.

나│그러셨군요. 그래도 동호회 활동하면서 생활에 활기가 생겼을 것 같네요.

영균│사실 동호회 활동하면서 새로운 동반자를 만날 수

도 있겠다는 기대도 했습니다. 그러나, 오랜 시간 굳어진 제 생활 습관이나 성격을 지금에 와서 타인에게 맞추고 싶지는 않았습니다. 어렵기도 하고요. 지금은 그저 운동 동호회로서 열심히 참가하고 있습니다. 은퇴 후 취미는 있어야 하니까요.

나 | 지금 일상생활에서 가장 걱정되는 부분은 무엇일까요?

영균 | 아무래도 혼자 집에 있다가 갑자기 쓰러진다거나 하는 응급 상황이 생겼을 때죠. 제가 전화도 못 하는 상황이 되면 119도 올 수 없잖아요. 당연히 먼 외국 땅에서 생활하는 아이도 제 상태를 알 수 없겠죠. 요즘 노인 고독사뿐만 아니라, 제 나이대의 고독사도 많대요. 그래서 아이와는 일정한 시간에 영상통화를 하려고 애를 씁니다. 만약 그 시간에 제가 화상통화를 하지 않으면 제게 문제가 생긴 걸 알 수 있으니까요. 그렇지만, 아이가 자기 생활이 바빠 통화 시간을 지키지 않는 경우가 많습니다.

나 | 주변에서 주기적으로 안부를 챙겨주는 사람이 있나요?

영균: 부모님은 모두 돌아가셨고, 형제들은 각자 살기 바

쁘죠. 한때는 반려동물을 키워볼까도 생각했습니다. 저처럼 1인 가구의 경우 반려동물을 많이 키운다고 하잖아요. 그런데 저처럼 야근이 자주 있는 사람은 키우기가 어렵다는 생각이 들어서 포기했습니다. 제가 찾은 방법은 택배 주문입니다. 뉴스를 보면 고독사 발견 통계에서 고독사하는 100명 중 5명이 택배기사님의 신고로 발견된다고 하네요. 현관문 앞에 택배나 우유가 쌓여 있으면 택배기사님들이 눈썰미 있게 보시고, 신고해 주신다고 합니다. 그래서 저는 소량이라도 택배 주문을 주기적으로 하는 편입니다. 제 지킴이는 택배기사님이신 셈이죠.

나 | 나름 기발하게 방법을 찾으셨네요. 택배 기사님들이 여러 방면에서 노고가 많으십니다.

영균 | 제가 기초생활수급자도 아니어서 행복복지센터에서 저를 찾을 일도 없고, 이 나이가 되면 가장 큰 걱정은 건강이라, 제가 불시에 죽어도 아무도 모르는 것은 당연하겠죠. 저 나름대로 안전망을 찾은 셈입니다.

나 | 그래도 혼자 사는 삶이 녹록지 않다고 느낄 때가 있으

신가요?

영균 | 이 나이가 되어도 힘든 건 힘든 거죠. 아침에 눈 뜨면 선택과 책임의 연속입니다. 무얼 먹을까, 결정해야 하고, 정리하고 청소하고, 매우 부지런해야 합니다. 하루 동안 맞닥트리는 모든 일상적 과제를 처리해 내느라 바빠요. 바쁜 중에도 외로움은 사라지지 않아요. 그래서 동네 식당이나 세탁소 등의 가게를 운영하는 사장님들과 친해져서 그분들과 수다 떠는 걸 즐깁니다. 일종의 커뮤니티인 셈이죠. 지금보다 정년퇴직 이후가 걱정스럽습니다. 매일 가야할 데가 있고, 제 책상이 있었는데, 제가 필요한 곳이 아무데도 없다고 생각하면 공허함을 느낍니다. 제 존재의의나 정체성을 찾는 데는 시간이 좀 걸릴 것 같아요. 정년퇴직하기 전에 충분히 연습하려고 합니다.

생이란

한 조각 뜬구름의 일어남이요.

죽음이란

그 한 조각 뜬구름이

사라지는 것이다.

- 기화

5장

혼자 죽는 준비를
단단히 해야 한다

나는 죽음에
준비가 되어 있는가?

죽음은 1인 가구든, 동거인이 있든, 누구에게나 무겁다. 하지만 우리는 그 무거운 주제를 계속 외면하며 살아간다. 나도 마찬가지였다. 죽음이 나와는 먼 이야기라고 생각하며, 다수의 문상을 다녀와서도 별다른 느낌이 안 들었다. 그러나 어느 날, 나에게도 죽음을 받아들여야 할 터닝 포인트가 찾아왔다. '나는 죽음에 준비가 되어 있는가?'

　나는 둘째를 출산하고 나서, 한참 육아에 정신을 쏟고 있었다. 밤중 수유를 위해, 둘째 옆에서 잠을 자기 시작했는데, 정확히 생각나지 않은 어느 아침부터, 허리 통증으로 잠에서 깨는 일이 잦아졌다. 원래 허리 디스크를 앓았던 적이 있었던 터라, 대수롭지 않게 생각하였고, 통증으로 일찍 일어난 김에, 집안일을 하기 시작했다. 몸을 움직이다 보면 1시간 후쯤에는 통증이 사라지고, 견딜만했다. 그러면 그 통증에 대해 잊고 있다가, 다시 아침이 오면 통증으로 잠에서 깨는 일이 잦아졌다. 어느 아침에는 너무나 극심한 통증에 몇 시간을 고생했고, 그때가 되어서야 병원에 가서 진료받기를 결심했다.

병원 검사 결과, 놀랍게도 자가면역질환이라고 판정받게 되었다. 애초에 그 병을 가진 유전 인자가 내 몸 안에 있었고, 알 수 없는 이유로(스트레스로밖에 설명되지 않는) 그 유전 인자가 발현되어, 허리를 비롯한 여러 관절이 점점 굳어져 가는 병으로 밝혀졌다. 내 몸 안의 자가면역 세포가 정상 세포마저 적으로 인식하고 과잉 공격하는 것이다. 한마디로 내 몸이 나를 공격하는 병이다.

나는 심하게 절망했다. 나는 남들보다 빠르게 관절들이 굽을 것이고, 내 몸은 일반적인 노화 속도보다 빨리 망가질 것이라고 예단했다. 둘째를 낳은 지 얼마 되지 않은 시기였고, 나는 깊은 우울감에 빠졌다.

병원에서 권하는 1차 약물치료를 시작했지만, 효과가 없었다. 더불어 내 마음도 깊이 병들고 상처받았다. 마지막 단계인 2차 주사제 치료를 시작했다. 통증은 극적으로 호전되었고, 앞으로 큰 변화가 없다면, 이대로 원래 병의 속도를 조금이나마 낮추는 데에 치료가 진행될 예정이었다.

나는 남들보다 일찍 내 몸을 제대로 쓰지 못할 것이라는 절망감에 허우적대며 일찍 찾아올 죽음에 대해 생각했다. 불안, 좌절, 우울감에서 벗어나는 데에 꽤 오랜 시간이 필요했다. 주사제 치료로, 염증 수치는 안정적으로 관리되었고, 지금은 실제로 주변에서 흔하게 보는 성인병의 치료처럼 남들보다 귀찮은 병 하나 더 생겼다고 가볍게 넘길 수 있게 되었다. 이렇게 되기까지 나는 숱하게 죽음에 대해 천착하는 불안한 생활을 했다.

불행한 일이 마냥 불행한 것이 아니고, 행복한 일이 마냥 행복하지 않다는 걸 그때 깨닫게 되었다.

나는 그 병으로 인해 남들보다 미리 죽음에 대해 생각하게 되었고, 심사숙고 끝에 사전 연명의료 의향서와 장기 기증을 준비했다. 내가 가족들에게 남길 유언에 대해서도 생각했고, 내 장례식에 대해 여러 가지 구상도 해 놓았다.

놀랍게도 미리 이런 과정을 한 번 겪고 나니, 죽음이 더 이상 두렵지 않게 되었다. 오히려, 이런 준비 과정이 다가올 죽음에 대해 긍정적으로 수용하는 계기가 되었다. 이것이 바로 내가 엔딩 맵에 대해 구상하게 된 시작이다.

그 전의 나는 내 인생이 계획적으로 움직여야 한다는 생각으로, 또 그렇게 되도록 노력했다. 반드시 당위성을 가진 일이 있었고, 계획한 대로 되지 않으면 심한 스트레스를 느꼈다. 부부관계에서, 자녀 양육에서, 학교라는 직장생활에서도, 결코 양보할 수 없는 나만의 완고한 기준이 있었으며, 내 생각의 틀을 벗어나는 일은 쉽게 용납할 수 없었다.

지금의 나는 세상 사람들을 향한 관심이 생겼고 내 생각의 좁은 울타리를 벗어나게 되었다. 중요한 선택을 할 때는 꼭 죽음을 먼저 떠올렸다. '내가 내일 죽는다면, 이 일을 어떻게 바라보고 무슨 선택을 해야 할까?'를 상상한 후, 죽음 직전에서도 후회 없을 것 같은 선택만을 하게 되었다. 내 모든 선택과 판단의 기준은 죽음이었다.

그 결과, 나는 인생의 많은 부분에서 후회와 미련을 떨쳐 내고, 실수와 시행착오를 많이 줄일 수 있었다. 내 삶을 돌아보고, 내가 진정으로 원하는 마지막이 무엇인지 적어 내려가는 것. 그 과정이 어쩌면 죽음을 '준비'하는 일보다 내 삶을 제대로 바라보게 만드는 일이었을지도 모른다. 내가 남기고 싶은 것, 내가 전하고 싶은 말, 그리고 내가 마지막으로 바라보고 싶은 풍경들. 그렇게 하나하나 적어가면서, 나는 조금씩 죽음이라는 두려운 존재와 친구가 되어갔다.

우리가 노화, 질병, 외로움, 죽음 등이 두려운 이유는 그것들이 우리가 통제할 수 없는 영역이며, 동시에 알 수도 없는 미지未知이기 때문이다. 우리는 죽음이라는 수수께끼를 친구처럼 평생 껴안고 익숙해져야 한다. 그저 두려움으로 인생을 낭비하는 것보다, 두려움을 받아들이고 생명체의 신비인 탄생과 죽음에 익숙해지는 것만이, 우리가 남은 생을 후회 없이 보내는 방법이다. 우리가 목적을 인식하고 자신의 의지로 태어나지 않았듯, 우리의 의지와 별개로 죽는다. 살다가 보면 어떤 구렁텅이에 빠져도 그것이 꼭 나쁘지만은 않고, 삶의 방향을 바꾸는 중요한 전환점이 되기도 한다. 우리는 미래를 우리 힘으로 바꿀 수 없는 것이라는 것을 인정해야 한다.

죽음에 대한 두려움은 때론, 종교적 신념이나 철학적 사유를 통해 완화되기도 한다. 자신의 신앙이나 영적 가치를 되새기거나, 새로운 신념을 찾아보는 것도 마음의 평화를 얻는 데 큰 도움이 된다. 영적인 측면에서의 평화를 위해 명상이나 내적 탐구를 통해 자신을 돌아보고 죽음이 자연스러운 삶의 한 과정임을 받아들이면 삶의 과정도 순탄하게 흐를 수 있다.

죽음이 다가올 때 어떻게 그 시간을 보내고 싶은지, 자신만의 시나리오를 써 보는 것도 실질적인 준비 방법이다. 어떤 장소에서, 누구와 함께 있기를 원하는지, 마지막 순간에 하고 싶은 일이 무엇인지 구체적으로 상상해 보자. 이 계획이 고통을 줄이고 평안을 찾는 데 도움이 될 수 있다. 이런 과정을 통해 죽음이 두려움보다는 마무리해야 할 하나의 과정으로 여겨질 수 있다. 그리고 사랑하는 사람들과 해결되지 않은 갈등이 있다면 가능하면 화해하거나 해결하는 것이 좋다. 이 과정에서 마음의 무거운 짐을 덜 수 있고, 평온하게 삶을 마무리할 수 있다.

예진 씨는 엔딩 맵을 작성하면서, 많은 눈물을 흘렸다. 그녀는 평소에 언니와 몹시 사이가 나빴는데, 안 만난 지도 5년이 넘었다. 마지막 만남에서 크게 다투고, 인연을 끊었다고 생각했다. 그러나 엔딩 맵을 작성해 나가면서, 자기 죽음을 진지하게 생각하게 되었고, 해결되지 않은 갈등들에 대해 생각했다. 죽기 전에 미련이나 후회를 가지지 않도록, 언니와의 관계를 개선해야겠다고 결심했고, 바로 언니에게 안부 전화를 했다. 언니는 오랜만에 걸려 온 동생의 전화를 크게 반가워하며, 둘은 그렇게 자연스럽게 화해했다.

자신이 살아온 삶을 되돌아보며 성취한 것들, 소중한 관계, 의미 있는 순간들을 되새겨보는 것도 좋은 준비 과정이다. 주변 사람들과 감사를 나누고, 그동안 못다 한 말을 전하는 등, 소중한 사람들에게 편지나 메모를 남겨 마음을 표현하면, 살면서 후회나 미련을 덜 수 있다. 예진 씨는 엔딩 맵을 작성하면서, 자신과 인연이 있던 모든 이들의 리스트를 작성하고, 그들에게 남길 사랑과 감사의 메시지를 생각했다. 한 사람, 한 사람에게 의미 있는 메시지를 생각하니, 앞으로 그들과의 인연을 더욱 소중히 해야겠다는 결론을 얻었다.

죽음을 '종말'이 아닌 '전환점'으로 받아들이는 철학적 사고는 어떨까? 플라톤은 '죽음이란 영혼이 육체에서 해방되는 과정'이라고 말했다. 그에게 죽음은 끝이 아니라, 영혼이 더 높은 단계로 나아가는 시작이었다. 이러한 사고는 우리가 죽음을 막연한 공포가 아닌, 자연스러운 순환으로 바라보게 한다.

동양의 철학도 죽음을 새로운 시각으로 바라보게 한다. 불교에서는 죽음을 '삶의 한 과정'으로 여긴다. 태어남과 죽음이

하나의 순환이자 변화의 과정으로서, 그 속에서 무언가가 끝나지 않고 이어진다는 생각은 죽음의 두려움을 덜어 준다. '죽음이 끝이 아니라, 그저 또 다른 시작이다.' 이 말은 우리에게 죽음이 결코 비극적인 단절이 아님을 상기시킨다.

우리가 죽음을 바라보는 방식이 달라진다면 삶은 어떻게 변할까? 죽음을 받아들이는 순간, 나는 더 이상 두려움에 얽매이지 않고 자유로워진다. 삶이 끝난다는 것을 안다면, 그 안에서 우리가 무엇을 해야 하는지도 명확해진다. 우리는 죽음이 오기 전에 어떻게 살 것인가에 대한 질문을 더 자주 던지게 된다. 시간은 유한하고, 그 유한한 시간 속에서 진정으로 하고 싶은 일을 찾아가는 여정은 죽음에 대한 새로운 이해를 통해 더욱 깊어진다.

죽음을 단순한 '소멸'로 바라보지 않고, 삶을 완성하는 중요한 단계로 받아들일 때, 우리는 삶과 죽음 모두를 더 성숙하게 수용할 수 있다. 결국, 죽음을 향해 걸어가는 여정 속에서 삶은 더욱 강렬하고 아름답게 빛날 것이다. 중요한 건, 첫발을 내딛는 용기다. 죽음 앞에서 삶을 더 소중히 여기는 방법과 자연스러운 삶의 한 과정으로 받아들이는 것을 배우는 것이다.

자기 삶을 돌아보며 성취, 관계, 후회 등을 반추하는 과정이 필요하고, 이를 통해 미처 해결하지 못한 감정적 문제나 미완의 일들을 정리할 수 있다. 과거의 실수나 미완성된 부분에 대해 스스로 용서하고, 후회를 내려놓는 과정이 필요하다. 이는 임종을 맞이할 때 마음의 평온을 유지하는 데 도움이 된다. 개인의 가치관이나 신념, 종교적 믿음 등에 따라 죽음을 준비하는 과정은 다를 수 있다. 자신이 추구하는 가치나 믿음에 따라 임종을 설계하며, 내적 평화를 찾는 것이 중요하다. 죽음 이후의 불확실성에 대한 불안감을 미리 직면하고, 이에 대해 내적으로 준비하는 것이 필요하다. 이를 통해 임종을 편안하게 맞이할 수 있다.

먼저
마음의 준비를 해라

품위 있게 혼자 사는 삶을 영위하기 위해서 우리는 가장 먼저 마음의 준비를 해야 한다. 그 첫 번째는 자신의 감정을 솔직하게 마주하고 수용하는 것이다. 인간이 노화하고 병을 얻고 죽음에 이르는 과정은 매우 자연스러운 현상이다. 죽음에 대한 두려움, 슬픔, 불안 역시 자연스러운 감정이다. 그 감정을 억누르지 말고 솔직하게 마주하는 것이 첫걸음이다. 친구, 가족, 혹은 전문가와 대화를 나누거나, 일기나 기록을 통해 감정을 표현하는 것도 좋다. 현재의 순간에 집중하는 마음 챙김 명상은 죽음에 대한 두려움을 잠시 내려놓고 평온함을 찾는 데 도움이 될 수 있다. 호흡에 집중하거나, 조용히 자신과 대화하는 시간을 가지면서 마음을 가라앉힐 수 있다.

두 번째는 사회적 소통을 통해서 친절함, 열린 마음, 나눔, 연약함 등을 나눠야 한다. 이런 것들은 서로를 위로하고 공감하게 하며 같이 앞으로 나아갈 용기를 얻게 한다. 나만 힘든 감정 속에서 분투하는 게 아니라는 안도감, 확신 등은 살아가는데 생각보다 큰 힘을 발휘한다. 혼자 살아가는 사람들은 인터넷 세상에서의 소통을 줄이고, 현실 세계에서의 대면 방식을 좀 더 자주 가져야 한다. 얼굴을 마주 보며 눈빛과 몸짓 같은 비언어적 소통과 따뜻하고 공감하는 대화라는 언어적 소통이 절대적으로 중요하다.

비정한 현대 사회에서는 내 슬픔을 나누면 약점이 되어 돌아와 오히려 나를 공격할 때도 있다. 그래서 내 속마음을 먼저 털어놓는 게 어렵다. 그러나 그럴수록 우리는 평범한 사람들과 관계를 만들고 그 범위를 넓혀가야 할 필요가 있다. 상처받지 않기 위해 먼저 방어적으로 소통을 줄이거나, 아예 소셜 미디어로 소통의 방식을 바꾸는 것은 적절하지 않다.

요즘은 대면보다 비대면이 더 편하고, 전화보다 문자가 더

편한 세상이다. 오죽하면 콜포비아call phobia, 전화 공포증란 용어가 쓰이겠는가? 독일의 철학자 헤겔의 정반합 변증법dialectics처럼, 전통적 대면 방식에서 현대적 비대면 방식으로, 다시 두 방식의 중간 지점에서 해답을 찾아야 한다. 사람들이 AI, 양자 등으로 대변되는 가장 첨단의 현대 문명을 누리면서도 여전히 외로움과 고립감 속에서 방황한다면, 첨단의 반대편에 있는 전통적 대면 방식을 적절히 생활화해서 문제를 해결해야 한다고 생각한다.

지금 우리에게 필요한 것은 어쩌면 언어적 소통보다 따뜻한 눈빛, 고개의 끄덕거림, 손의 따뜻한 온기, 어깨의 두드림 같은 비언어적 소통일 것이다. 누군가에게는 매우 어렵지만, 누군가에게는 매우 쉽기도 한, 비언어적 소통이 우리의 영혼을 정화할 수 있다. 나에게는 너무나 두렵고 불안한 일이라 혼자 끙끙 앓았던 일도, 누군가의 말 한마디, 따뜻한 눈빛 하나로 깃털처럼 가벼운 일이 될 수도 있다. 혼자 고민할수록 부정적으로 매몰되는 연약한 감정들은 사람들 앞에 펼쳐 놓았을 때, 그들 역시 자신도 가지고 있는 그 감정들을 경쟁적으로 토로하면서 나도 곧 그들과 다르지 않다는 안도감과 연대를 느낄 수 있다.

지인 중 혼자 살고 있는 한 친구는 아침에 일어나면 무조건 자신을 단장하고 밖으로 향한다. 일이 있거나, 없거나, 밖으로 나가 어제와는 다른 공기, 날씨, 풍경의 변화를 느낀다. 좋은 일이 생길 수도 있고, 나쁜 일이 생길 수도 있지만, 집에서는 아무 일도 일어나지 않는다. 공간을 바꿔서 심신을 환기하고, 오늘 펼쳐질 새로운 일들을 기꺼이 맞이한다. 그러다 보면 그녀를 행복하게 하는 사람, 또는 화나게 하는 사람도 만날 수 있다. 그러나 쉽게 모든 상황을 수용하고 인정한다. 살림살이는 단출하게 유지하려 하고, 유언장은 미리 작성해 두고 1년에 한 번씩 수정해 나가고 있다. 나는 이 친구의 삶에 대한 태도가 참 존경스럽다.

현실적인 준비는
어떻게 할까?

이제 현실적인 준비로 어떤 것이 있는지 살펴보자. 호스피스 케어나 사전 연명의료 의향서는 실제로 현장에서 많이 알려져 있다. 그러나 막상 가족이나 동거인이 위급한 상황에 닥치면 허둥지둥하면서 정작 가장 중요한 현실적 문제들을 놓치는 경우가 많다. 자꾸 언급하지만, 모든 준비는 평온한 일상에서 미리 이루어져야 하는 게 핵심이다. 준비를 게을리하다가 자칫하면 심리적으로나 경제적으로 만족스럽지 않은 상황에 실망하고 모든 절차가 끝난 후 아쉬움과 후회만 가득할 수 있다.

호스피스 케어 받기

호스피스 케어는 주로 환자의 마지막 삶의 질을 높이기 위한 지원을 제공하는 것이 목적이다. 자신이 암 말기 환자일 경우, 의사와 의료진과의 긴밀한 상담을 통해 현 상태를 정확히 진단받고, 호스피스 케어를 받을 수 있는지 확인해야 한다. 호스피스 케어는 주로 말기 환자에게 제공되며, 통증 관리와 증상 완화에 중점을 둔다. 약물 치료뿐만 아니라 사제, 목사 등 영적 상담가의 지원과 장례 준비와 관련된 상담도 제공한다. 한국에서는 2015년부터 건강보험이 적용되어, 말기 암 환자 및 기타 말기 환자가 적은 비용으로 서비스를 이용할 수 있다.(관련 법규 〈호스피스·완화의료 및 임종 과정에 있는 환자의 연명의료결정법〉, 본인 부담률 약 5%~10% 수준) 호스피스 케어를 받게 되면 환자가 편안하고 존엄한 임종을 맞이할 수 있고, 환자 가족의 신체적, 정신적 부담을 줄여준다.

호스피스 케어의 종류는 3가지다. 병원 내의 호스피스 병동에서 전문적인 팀이 환자와 가족을 돌보는 병원 기반 호스피스, 의료진이 환자의 집을 방문하여 서비스를 제공하는 재가 호스피스, 독립된 전문 공간에서 서비스를 제공하는 호스피스 전문 시설이 있다. 보건복지부나 건강보험심사평가원 홈페이지를 통해 인증된 호스피스 전문 기관 목록을 확인한 후, 개인의 선호와 상황에 맞는 서비스를 선택한다. (예. 국립암센터, 지역 암센터 병원, 종합병원의 호스피스 병동 등)

호스피스 케어를 받으려면, 다음과 같은 조건이 필요하다.

- 담당 의사와 1명 이상의 전문의가 말기 환자로 진단
- 환자 본인 또는 가족이 호스피스 서비스를 요청하고 동의한 경우
- 의사 소견서를 통해 호스피스 이용 적합 여부를 확인
- 호스피스 기관 검색
- 환자 또는 보호자가 신청

그러나 호스피스 병상 부족으로 인해 입원을 기다리다 사망하는 사례가 있고, 호스피스 이용자가 대부분 암 환자에게 집중되어, 다른 만성 질환 환자들의 이용은 제한적인 한계가 있다. 게다가 코로나19로 인해 일부 호스피스 병동이 휴업하거나 병상을 전환하여 이용에 큰 어려움이 있다.

2020년 기준으로 암으로 사망한 환자 중 23%만이 호스피스 서비스를 이용하는 등 인식이 미흡한 면도 있다. 이는 영국의 95%에 비해 낮은 수치다. 호스피스 이용률이 낮은 이유는 거부하는 환자들이 많아서다. 과거보다 인식이 나아졌다고는 하

나 여전히 호스피스를 죽음과 동일시하는 환자들이 많다. 의료진이 호스피스를 권유하면 환자는 자신을 포기했다고 여긴다. 보호자 역시 호스피스는 너무 이르다고 여기고 적극적으로 항암치료를 해주는 병원이나 임상시험을 알아본다. 한국호스피스·완화의료학회가 2022년 성인 1,000여 명을 대상을 실시한 설문 조사 결과에 따르면 응답자 10명 중 6명은 호스피스가 뭔지 몰랐다. 코앞에 닥쳐서 알게 되는 환자와 보호자들이 많으니, 거부감도 클 수밖에 없다. 호스피스는 잘 죽기 위해 가는 곳이 아니라, 잘 살기 위해 가는 곳임을 명심하자.

사전 연명의료 의향서 작성하기

말기 질환이나 심각한 상태일 때 연명치료 여부를 미리 결정하는 문서다. 연명의료 행위에는 심폐소생술, 인공호흡기 착용, 수혈 등이 있으며, 본인의 의사를 명확히 기록함으로써 의료진과 가족이 상황을 이해하고 본인의 뜻에 따라 치료를 결정할 수 있다.

국립연명의료관리기관 홈페이지(https://lst.go.kr)나, 보건소를

구분	사전 연명의료 의향서	연명의료 계획서
작성 주체	환자	의사
작성자	모든 사람	말기·임종기 환자가 의사와 같이 작성
서명	본인(대리인 불가)	의사·환자 서명 필수(대리인 불가)
내용	연명의료 할지 여부 호스피스 이용 여부 등록기관의 설명 확인 보관 방법	연명의료 할지 여부 호스피스 이용 여부 담당의사 설명 확인

자료 21 **사전 연명의료 의향서와 연명의료 계획서 비교**
출처: 보건복지부

포함한 보건복지부에 등록된 기관 등에서 가능하며, 사전 연명의료 의향서와 연명의료 계획서 두 가지 문서를 작성할 수 있다.

사전 연명의료 의향서는 환자가 환자 본인의 존엄한 임종을 맞이할 수 있도록, 사전에 작성하는 의향서이다. 1인 가구일수록 자기 뜻대로 생명 연장이나 임종에 대해 선택해 줄 보호자가 없을 가능성이 크므로, 자신이 스스로 선택을 증명해야 하는 과정이 꼭 필요하다.

이때 환자의 의사능력이 있는 경우, 사전 연명의료 의향서와 연명의료 계획서는 차이가 있으니 잘 알아두어야 한다. 사전 연명의료 의향서는 임종 과정에 있는 환자가 된 상태에서

작성자의 생각이 작성 전과 같은지 확인하는 과정이 필요하다
(〈호스피스·완화의료 및 임종과정에 있는 환자의 연명의료 결정에 관한 법률〉 제
17조 제1항 제2호). 연명의료 계획서는 담당 의사가 작성하는 경
우로, 이를 연명의료 중단 등 결정을 원하는 환자의 의사로 본
다(〈호스피스·완화의료 및 임종 과정에 있는 환자의 연명의료 결정에 관한 법률〉
제17조 제1항 제1호). 그러므로 자신의 생명이 위중한 경우, 의식
이 있다면 의사가 작성한 연명의료 계획서를 자기 의사로 대
신할 수 있다.

사전 연명의료 의향서는 내가 갑자기 의식이 없어져 내 생
명 연장 치료 여부에 관해 의사능력이 없는 경우, 의향서 내용
을 확인하기에 의사능력이 없다는 의학적 판단과 의향서가 적
법하게 작성되었다는 사실(연명의료 정보처리시스템을 통해 조회할 수 있
는 사전 연명의료 의향서는 적법하게 작성된 것으로 간주), 두 가지로 인정될
수 있다. (환자의 의사 확인 방법에 대한 자세한 내용은 〈국립연명의료 관리기관
홈페이지-이용자 바로가기-의료인-환자의 의사 확인〉에서 확인할 수 있다.)

가장 문제가 되고, 논란이 될 수 있는 상황은 위 두 가지 문
서 중 하나도 작성하지 않고 위급한 상황을 맞게 되는 것이다.
두 가지 문서를 작성하지 않았고, 내가 의사 표현을 할 수 없는
상태에서는 상황에 따라 환자 가족 2명 이상의 진술 혹은 환자

가족 전원의 합의가 반드시 필요하다(〈호스피스·완화의료 및 임종 과정에 있는 환자의 연명의료 결정에 관한 법률〉 제17조 제1항 제3호, 제18조 제1항).

　두 가지 문서를 준비하지 못했고, 환자인 내가 의사 표현을 하는 것이 불가능하다면 환자 가족이 전원 합의할 때까지 연명치료를 할 수밖에 없다. 1인 가구는 보호자인 가족이 없는 경우가 대다수다. 의식도 없이 심폐소생술, 인공호흡기 착용, 수혈 등의 생명 연장 치료를 언제까지고 받을 수는 없는 노릇이다. 1인 가구라면 반드시 자신의 마지막 순간에 대해 미리 계획한 후, 연명의료 계획서나 사전 연명의료 의향서를 작성해야 한다. 이 두 가지 문서의 중요성은 아무리 강조해도 지나치지 않는다.

　진식 씨는 가족과 연을 끊고 80대가 넘도록 1인 가구로 생활해 왔다. 진식 씨는 혼자 생활하다가 지병으로 인해 뇌사 상태가 되어 병원에 실려 왔으며, 병원 측은 지자체와 연결해서 가족을 수소문했으나 연락이 닿지 않았다. 환자가 의식이 없고, 사전 연명의료 의향서나 연명의료 계획서 등 미리 작성한 법적 문서가 없으므로, 법적으로 연명치료를 중단할 수 없다. 본인의 치료 상태를 스스로 결정할 수 없고, 의료 대리인인 가족이 확인되지 않은 진식 씨는 현재 뇌사 상태로 병원에서 연명치료를 받고 있다. 이것이 진식 씨가 원하는 마지막인지 아닌지는 알 수 없다.

현실적으로 우리나라는 당사자의 중요한 수술이나, 의료계획에 있어서 친족의 동의를 우선한다. 친족이 없거나 친족과 절연해서 연락하고 싶지 않은 경우, 굉장히 난감해진다. 차라리 평소 신뢰가 쌓인 친구나 지인을 '의료 결정 대리인'으로 지정하는 게 나을 수 있지만, 우리나라에서는 없는 제도다.

현재 무연고자를 위한 '의료 결정 대리인' 제도에 대한 논의가 학술적으로 이뤄지고 있고(한국의료윤리학회지 KCI, 국가생명윤리정책원 김보배, 김명희, 〈연명의료결정법의 한계를 극복하기 위한 대리인 지정제도 도입 방안 모색〉 2018, 21권, 2호 95~113p), 환자가 의사결정 능력이 없는 경우 중대한 의료행위 전 환자 대신 동의를 받을 수 있는 사람을 법정 대리인에서 지정대리인으로 확대한 의료법 개정안이 발의(장혜영 의원(정의당 비례대표) 2022.07.)되기도 하는 등 활발한 논의를 거치고 있다. 그러나 의료 결정 대리인은 여러 가지 법적, 윤리적 논란을 해결해야 하는 과제가 있어서 갈 길이 멀다.

혜수 씨는 평소 1인 가구의 고독사에 대해 관심이 많았다. 60세가 넘어가면서는 자신의 임종에 대해 구체적으로 계획하기 시작했다. 환자의 의사를 전달할 가족이 없으면 연명치료를 중단할 수 없다는 사실을 알고 미리 사전 연명의료 의향서를 작성해 두었고, 가장 가까운 친구에게 병원 동행을 부탁했다. 혜수 씨는 불의의 사고로 의식이 없는 채 병원에 실려 와도 의료진의 확인 후, 그녀가 원치 않는 연명치료는 하지 않을 수 있다. 혜수 씨는 건강검진 결과 암이 발견되어 수술하게 되었고, 평소 왕래가 뜸하지만 유일한 친족인 사촌 동생에게 미리 자신의 상황을 알렸다. 의료진은 사촌 동생과의 전화 확인을 통해 수술에 들어갈 수 있었고, 혜수 씨의 수술은 성공적으로 끝났다. 항암치료도 수월하게 진행되어, 앞으로 회복에만 신경 쓰며 운동도 열심히 해서 곧 완치 판정 예정이다.

보장제도 확인하기

노년기에 요양이 필요할 경우, 혹은 임종 전 장기 요양이 필요한 상황을 대비해 장기 요양보험 가입 여부와 혜택을 확인해 둘 필요가 있다. '노인장기요양보험'은 고령이나 노인성 질병 등으로 목욕이나 집안일 등 일상생활을 혼자서 수행하기 어려운 이들에게 신체활동·가사 지원 등의 서비스를 제공해 노후

생활의 안정과 그 가족의 부담을 덜어 주기 위한 사회보험제도를 말한다.

65세 이상 또는 65세 미만 노인성 질환이 있는 사람으로서 장기요양등급판정위원회(국민건강보험공단)에서 1~5등급 및 인지지원 등급을 판정받은 사람은 노인장기요양보험의 대상이 될 수 있다. (※ 노인성 질환: 치매, 뇌혈관성 질환, 파킨슨병 등 〈노인장기요양보험법 시행령〉으로 정하는 질병)

장기 요양 등급을 받으면 방문 요양, 방문목욕, 방문간호, 주야간 보호, 단기 보호 등이 포함된 재가 서비스 혹은, 장기적으로 거주하면서 전반적인 요양과 의료 서비스를 제공받을 수 있는 요양원과 입원 치료가 가능한 노인 전문병원 등의 혜택을 누릴 수 있다. 먼저 국민건강보험공단에 신청서와 서류를 제출하면 공단에서 전문 조사원이 방문 조사를 실시한다. 이 방문 조사의 평가 결과를 바탕으로 의사 소견서를 포함한 추가 자료를 종합하여 등급을 결정하게 된다.

1등급~2등급은 거동이 매우 불편하거나 인지기능 저하가 심각하여 일상생활 수행이 거의 불가능한 경우로서 전문 요양보호사의 지원과 요양 시설 이용이 가능하다. 3등급~4등급은 거동이 불편하거나 부분적으로 도움이 필요한 경우이며, 가정

내 요양 서비스 및 데이케어센터 이용이 가능하다. 5등급은 경중의 치매 환자로, 인지기능 저하로 인해 가벼운 요양 서비스가 필요한 경우다.

장기 요양 서비스를 이용할 때는 본인 부담금이 발생하는데, 본인 부담금은 소득 수준에 따라 다르며, 일반적으로는 서비스 비용의 15%~20%를 부담하게 된다. 예를 들어, 월 100만 원의 서비스 비용이 발생할 경우, 본인이 부담해야 할 금액은 약 15만 원에서 20만 원 정도다. 기초생활수급자나 차상위계층의 경우, 본인 부담금이 면제되거나 대폭 경감된다.

내 친구 은수의 어머니는 시골에서 가벼운 소일거리를 하며 지내신다. 은수 역시 서울에서 1인 가구로 혼자 생활하고 있어서, 어머니의 치매가 심해지는 것을 느끼면서도 합가해서 모시고 살 엄두를 내지 못했다. 어느 날, 식사 여부를 기억하지 못하는 어머니를 보고, 국민건강보험공단에 장기 요양 등급을 신청했고, 4등급을 받았다. 재가 서비스에 해당해서, 요양 보호사가 1주일 중 정해진 시간에 오고, 식사, 거동, 간단한 가사일 등을 도와주었다. 은수는 이런 도움이 있다는 것만으로 안심하며 직장생활에 영향 없이 주말에 어머니를 찾아뵙는 생활을 했다.

그러나, 한번 시작한 치매는 무서운 속도로 진행하여, 어머니는 아무도 알아보지 못하는 상태가 되었다. 은수는 다시 국민건강보험공단에 재신청을 해서 1등급을 받고, 시골집에서 멀지 않은 요양원에 어머니를 모셨다. 비록 어머니 곁에서 간병을 하지 못하고 요양원에 모신 죄책감을 느꼈지만, 낙상이나 사고의 위험으로부터 어머니를 지키고 식사나 배변 등 필요한 활동을 지원해 주는 요양원에서 지내게 된 것이 현실적으로 큰 도움이 되었다고 말한다.

장례 계획 및 장기기증 계획

장례 방식과 장기기증에 대한 계획을 미리 세워야 한다. 장례 방식, 유골 처리, 장기기증 여부 등을 미리 결정해 두면, 사후에 가족이나 주변인의 혼란을 줄일 수 있다. 이것은 아마도 임종 준비 과정 중에서 가장 구체적인 상상이 가능하고 본인의 의사대로 진행할 수 있는 과정이 될 것이다.

이미 많은 사람이 고령이 되면 해마다 영정사진을 다시 찍거나, 혹은 자신이 가장 좋아하는 사진을 영정사진으로 준비하고 있다. 장례식장에 세워질 내 사진을 보고 나를 추억할 사람들을 위한 작은 배려다. 황망하게 아무런 준비 없이 임종을 맞이해서 현재의 나와 거리가 먼 옛날 사진이나 약간은 무뚝뚝해 보이는 증명사진 등을 사용한 장례식도 보았으나, 그래도 고인이 미리 준비한 환한 미소의 사진을 보면 보내는 마음이 마냥 슬프지 않음을 느낄 수 있었다.

또, 수의도 미리 준비하는 경우가 많아졌다. 자녀들은 주변의 권유와 등쌀로 실속 없는 고가의 장례용품을 구입하느라 분에 넘치는 비용을 지출하는 경우가 많았다. 그리고 코로나 팬데믹을 거치면서, 장례 문화도 많이 바뀌어서 많은 사람이 북적대는 장례식장이 아닌, 가까운 가족이나 지인들이 모여 조용히 고인의 생전을 추모하는 분위기로 변화했다. 우리도 진정한 추모에 충실한 장례 문화를 만들 때가 되었다.

영임 씨는 남편이 죽은 후, 1인 가구로 생활해 왔다. 자녀들은 모두 독립해서 가정을 일구고 살았다. 영임 씨는 평소에 임종 설계에 관심이 없었고, 수면 중에 갑자기 명을 달리했다. 자녀들은 영임 씨의 장례를 준비하는 과정에서, 수의, 관, 화환, 리무진 서비스 등 모든 장례 절차를 최고급으로 해야 한다고 주장하는 둘째와 가정형편이 어려운 첫째의 의견 대립으로 인해, 신성해야 할 장례식장에서 큰 소리를 내고 가족끼리 의만 상하는 상황이 되었다.

용숙 씨는 1인 가구지만, 평소에 임종 설계에 대해 지인들과 이야기를 나누곤 했다. 자녀들에게도 미리 일러두어 본인이 원하는 대로 장례식을 치를 수 있게 되었다. 영정사진은 해마다 갱신하며 최상의 모습으로 찍어 놓았고, 별도로 비싼 수의는 하지 말고 평소 본인이 가장 좋아했던 옷을 입혀달라고 부탁했으며, 반드시 화장할 것, 그리고 예약해 둔 납골당의 위치에 유골함을 놓을 것, 장례는 간단히 1일장으로 치를 것, 모든 화환과 부의금은 받지 않을 것 등 용숙 씨의 유지대로 장례식을 간결하게 치를 수 있었다. 자녀들과 지인들은 소박한 장례 속에서도 지인에 대해 추모할 수 있는 따뜻한 시간을 가졌다.

장기기증은 생명 유지에 필수적인 장기를 다른 사람에게 기증하여 이식할 수 있도록 하는 행위다. 장기기증자는 생존 중 일부 장기를 기증하거나, 사망 후에 장기를 기증할 수 있다. 주로 기증되는 장기에는 신장, 간, 심장, 폐, 췌장 등이 포함되며, 이를 통해 장기 부전으로 고통받는 환자들의 생명을 연장하거나 삶의 질을 개선한다. 장기기증은 타인의 생명을 구할 수 있는 고귀한 선택으로 여겨지며, 법적 절차와 가족의 동의가 필요하다.

온·오프라인으로 장기기증 희망 등록서를 작성할 때 "운전 면허증에 장기기증 희망 등록 사실을 표기하기를 원하십니 까?"라는 문구를 볼 수 있다. 그때 "예"로 체크하면 운전면허증 을 신규로 발급받거나 갱신 및 재발급받을 때 장기 및 조직기 증 문구가 표시되어 발급된다.

장기기증은 한국 장기조직 기증원(www.koda1458.kr, 대표번호 1544-0606)과 국민건강보험공단 등에서 신청할 수 있다.

1인 가구인 진규 씨는 밤낮 구별 없이 일하는 화물차 운전 기사이다. 평소 장기기증에 대해 관심이 많고, 운전면허증에 빨간색 하트모양의 장기기증 스티커를 부착하고 다녔다. 진 규 씨는 불의의 교통사고로 즉사했고, 그의 운전면허증에 부 착된 장기기증 스티커 확인을 통해, 여러 명의 환자에게 새로 운 삶을 선물했다.

유품 정리

평소에 자신의 짐을 간소화하는 습관을 가져야 한다. 1인 가구가 갑자기 고독사할 경우, 내 생활공간이 그대로 노출되고 물건들이 모두 버려지는 상황이 될 수 있다. 우리나라는 고인의 물건에 대해 기피하는 경향이 있어 함부로 유품에 손을 대지 않으려고 한다. 요즘에는 유품 정리만 하는 특수 청소 업체도 있듯이, 우리가 남긴 물건들이 내 뜻대로 처리되지 않는다. 그러므로 미리 물건과 살림을 간소화하거나, 유품 정리의 유지를 지켜줄 수 있는 대리인을 지정해 두는 것이 좋다.

고독사 이후의 현장은 일반인이 청소하고 정리하기에 어려움을 겪는다. 특히, 고령의 1인 가구가 고독사한 경우, 그 현장은 상상을 초월하는데 쓰레기에 가까운 물건으로 발 디딜 틈이 없다. 이는 저장강박증Hoarding Disorder으로도 알려져 있으며, 심리적, 행동적 장애의 일종이다. 물건을 버리지 못하고 계속해서 쌓아두는 성향이나 행동을 보이는 사람에게 나타나는 장애이다.

노인들에게 저장강박증이 더 흔하게 나타나는 경향이 있다는 사실이 심리학과 정신건강 분야의 여러 연구에서 제시된 바 있다. 미국 정신의학회APA에 따르면, 저장강박증은 특히 노인층에서 더 심각하게 나타나는 경우가 많다(DSM-5(정신질환 진단 및 통계 편람)). 이들은 노화로 인한 정리 능력의 저하, 상실감, 불안증 증가 등의 원인으로 물건을 쌓아두며, 과거의 추억이나 상실된 사람들과의 연결고리를 유지하려는 경향이 있다. 또한 고독감, 상실 경험, 사회적 고립감 등의 심리적 스트레스를 더 자주 경험한다.

노인들은 지금까지 살아온 시간 속에서 중요한 사람이나 물건을 잃은 경험(배우자의 사망, 자녀의 독립, 재산 손실 등)이 많고, 따라서 물건을 통해 안정감과 과거의 추억을 유지하려는 경향이 커질 수 있다. 새로운 것을 얻는 기회가 줄어들면서 기존에 가진 물건에 대한 애착이 강해지는데, 이때 물건이 단순한 소유를 넘어 심리적 안전망 역할도 하게 된다. 노인들의 물건 축적 행동은 '미래의 불확실성'과 '가난한 과거 경험'에서 기인하는 경우가 많다.

물건이 쌓여 있으면 먼지와 곰팡이가 생기는 등 건강에 해롭고, 물건에 걸려 넘어져 부상을 입거나 화재 시 대피가 어려워질 수 있다. 쌓인 물건이 집안 공간 대부분을 차지하면서 주방이나 침대를 사용할 수 없고, 이를 보이는 것이 부끄럽거나 방문객을 맞이할 수 없는 상황이 발생하여 외부와의 관계가 더욱 단절되는 악영향을 미친다.

1인 가구 여부를 떠나서 항상 내 생활공간의 물건은 단순하게 정리하는 습관을 길러야 한다. 이는 임종 준비뿐만 아니라 현재 삶의 질에도 큰 영향을 미치므로, 1년 이상 사용하지 않은 물건들, 특히 의류나 신발, 주방용품과 작은 잡화류는 과감히 버리거나 재활용 센터에 보내는 것이 좋다. 이는 단순한 물건 정리가 아니라, 새로운 삶을 시작하고 구성하는 것과 같은 힘을 지닌다.

혼자서도 잘 살기 위해서는 나를 포함해서 가족이 예상치 못한 죽음을 맞이할 때도 현실적인 준비가 되어 있어야 한다. 자신을 둘러싼 재정 상태를 미리 파악하고 있는 것은 물론, 응급 상황이 발생하면 무엇을 제일 먼저 해야 하는지, 건강할 때 미리 준비해야 하는 것들은 무엇인지, 혹시라도 장기간의 투병 생활이 예상된다면 주변 정리를 어떻게 해야 할지 준비해야 한다. 이 모든 준비는 반드시 평온한 상태에서 미리 이뤄져야 한다.

용석 씨는 중소기업을 운영하고 있고, 부인은 집에서 자녀 교육과 집안 살림에 공을 들이며 화목한 가정을 이루고 있었다. 남편은 평소에 건강 관리와 스트레스 관리를 잘하고 있었고, 그 흔한 성인병도 없었다. 그런데 어느 날 자고 일어나니 남편이 죽어있었다. 부인은 죽음을 받아들이고 슬픔을 가눌

새도 없이 장례를 준비해야 했고, 그 와중에 장례와 관련된 모든 일을 급하게 결정하게 되었다. 경황이 없던 부인은 장례식 업체 직원의 살가운 위로와 함께, 그가 제시하는 안내 책자를 보면서 많은 결정을 내려야 했다. 고인의 마지막 인사를 품격 있게 장식해야 하고, 편안한 모습으로 하늘로 가서야 한다는 업체 직원의 종용에 부인은 마지막날이니까 하는 마음으로 수의, 관, 화환, 양초, 유골함, 영정 액자, 운구 서비스 등을 포함하는 패키지 중 가장 고가로 결정했다.

장례 첫날은 많은 지인이 찾아와 슬픔을 위로했다. 이튿날이 되자 거래처 사장이 하나, 둘 찾아오기 시작했다. 그들은 남편이 살아생전에 자신들에게 거래대금을 지급하지 않았다며 서류뭉치를 내밀었고, 어떤 사람들은 차용증을 내밀며, 남편이 생전에 자기에게 꾸어간 돈을 부인이 대신 갚아야 한다고 독촉했다.

부인은 황당했고 그들의 말이 진짜인지, 가짜인지 판별조차 하지 못했다. 도움을 주겠다며 몇몇 지인들이 나서서 부인에게 이런저런 조언을 했다. 부인은 그동안 가장 믿음직했던 회사 상무에게 일 처리를 부탁했고, 장례에 관한 모든 절차를 마무리한 뒤 얼마 안 되는 현금을 손에 쥐었다. 부인은 남편이 평생을 일군 회사의 가치가 이것밖에 되지 않는가 하는 의구심이 들었으나, 이미 모든 일이 손을 떠난 후였다.

용석 씨는 자신의 사업 내용에 대해 부인과 공유하지 못했기 때문에, 부인은 사후 차용증을 들고 나타난 거래처 관계자들이 사기꾼인지 아닌지 판별해 낼 수 없었다. 장례식에 대해서도 고인의 마지막 길이라는 달콤한 판촉에 흔들려, 최고가의 서비스를 구매할 수밖에 없었다. 게다가 사업체 역시 용석 씨가 생전에 튼튼하게 운영하였음에도 불구하고, 채무와 자산에 대한 정보가 없어서 사업체의 제대로 된 계승이 어려운 상태였다. 가장 억울한 것은 상속세에 대한 준비가 전혀 없었기때문에, 부인이나, 자녀들에게 상속세를 부담할 자원이 없다면, 이 사업체를 다른 사람에게 팔아서 그 이윤으로 상속세를내야 한다는 것이다. 결국 용석 씨가 평생을 일궈온 사업체는순식간에 공중 분해되고, 부인과 자녀들에게는 사업체 청산이후 약간의 현금만 남았다.

1인 가구의 증가로 혼자 생활하는 방식의 변화도 생겨나고있다. 1인 가구 공동주택 혹은 코하우징co-housing은 현대 사회에서 증가하는 1인 가구를 위한 대안적인 주거 방식이다. 개인의 프라이버시를 존중하면서도 공동체적인 삶을 함께 영위

할 수 있는 주거 형태이다. 주거 공간의 특성을 1인 가구에 맞추어 설계한 형태로 주로 도시의 젊은 직장인, 고령층, 또는 혼자 생활하는 사람들에게 적합한 옵션이다. 이러한 주택의 특징은 개별 공간은 작지만, 기본적인 주거 기능을 충분히 갖추고 있다는 점이다. 그러나 동시에 주민들 간의 교류를 촉진하는 공용 공간을 포함하고 있다. 이는 사회적 연결과 상호 지원의 필요성을 충족시키고, 고립감을 줄이는 데 중점을 두고 있다. 이를 통해 주거 안정성과 공동체 의식을 강화하는 방식이 주목받고 있다.

코하우징은 덴마크에서 시작된 주거 모델로, 서로의 독립적인 생활공간을 유지하면서도 협력적인 공동체 생활을 추구하는 주거 형태이다. 코하우징에서는 입주자들이 협력하여 주거환경을 관리하고, 자원을 공유하며, 공동체 의식을 강화하는 생활을 이어간다. 특히 고령화 사회와 1인 가구 증가에 따라 고립감을 해소하고 삶의 질을 향상하는 방법으로 주목받고 있다.

침실, 주방, 화장실 등 생활에 필요한 기본 공간을 작게 구성하여 개인이 경제적으로 관리할 수 있도록 한다. 각 세대는 자신만의 독립적인 주거 공간을 보유하며, 그 안에서 개인 생활을 할 수 있다. 집 안에서의 프라이버시는 철저하게 보장된다. 세탁실, 거실, 주방, 정원 등 여러 세대가 공유할 수 있는 공간이 마련되어 있고, 이곳에서 주민들은 자연스럽게 만나 교류할 수 있다. 입주민들이 공동체 활동에 참여할 수 있도록 소셜 이벤트나 워크숍을 운영하기도 한다. 이러한 활동은 입주자 간의 친목 도모와 생활 지원을 목적으로 한다.

코하우징의 가장 큰 특징은 주민들이 자발적으로 공동체 생활에 참여하는 것이다. 공용 공간의 유지나 공동 활동의 기획은 주민들이 함께 결정하고 협력하는 방식으로 이루어진다. 코하우징에서는 자원을 공유하고, 환경친화적인 생활 방식을 실천하는 경우가 많다. 예를 들어, 공동 주방에서 함께 식사를 준비하면서 에너지 사용을 줄이거나, 자동차를 공유해 생활비를 절약하는 등 협력적인 방식으로 자원을 관리한다. 혼자 사는 사람들에게서 흔히 나타나는 고립감과 외로움을 줄이고, 이웃과 자연스러운 교류를 통해 사회적 연결망을 형성할 수 있다. 혼자 살아가는 사람들도 더 이상 고립되지 않고, 자신만의 독립성을 유지하면서도 함께 살아가는 경험을 누릴 수 있다는 점에서 코하우징은 큰 잠재력을 가지고 있다.

6장

남겨진 사람들을
위하여

남겨진 사람들의 상처,
그리고 마지막 배려

1인 가구가 갑작스럽게 사망했을 때 남겨진 사람들, 특히 가족, 친구, 또는 지인들에게는 다양한 정서적 문제가 발생한다. 이러한 문제들은 사망자의 갑작스러운 부재와 고립 속에서 발생하며, 심리적으로 큰 영향을 미친다. 1인 가구는 가족이나 가까운 사람과 자주 접촉하지 않는 경우가 많아, 사망 소식 자체가 충격적이다. 특히 사망 사실이 늦게 발견되면 더욱 큰 충격과 죄책감이 생긴다. 주변 사람들에게 깊은 상실감을 안겨주며, 사망자의 부재로 인한 공허함과 슬픔이 장기적으로 지속된다. 남겨진 사람들은 사망자를 충분히 돌보지 못했다는 죄책감을 느낄 수 있다. 특히 고독사 같은 경우, 가족이나 지인들이 사망자가 홀로 고립되어 있었던 상황에 대해 후회하고 자책하는 경우가 많다. '왜 더 자주 연락하지 않았을까?', '좀 더 신경을 썼어야 했는데' 등의 생각이 떠오르며, 자기 비난으로 이어질 수 있다.

선빈은 내가 첫 번째 학교에서 근무할 때 가르쳤던 제자이다. 어릴 때 아버지가 돌아가시고, 어머니가 최근에 재혼하면서 스스로 독립을 선택했고, 회사 근처에 원룸을 얻어 생활 중이었다. 회사는 나름 탄탄한 강소기업이었고, 성실하게 근무한 결과 과장 진급을 앞두고 있었다. 선빈은 꾸준히 내게 안부 전화를 했고, 나는 그런 그녀가 고맙고 기특해서 힘든 순간마다 고비를 잘 넘길 수 있도록 응원하며 지지했다. 그녀는 언젠가 결혼하게 되면 나에게 주례를 부탁하고 싶어했지만, 나는 먼저 남자친구부터 만들라는 농담을 하며 우스갯소리로 얼버무리곤 했다.

어느 날, 회사에 제때 출근하지 않고 전화도 받지 않는 걸 이상히 여긴 동료가 119에 신고하면서 선빈의 죽음이 밝혀졌다. 발견 당시 편한 실내복 차림으로 욕실에 쓰러져 있었다고 한다. 안타깝게도 욕실에서 넘어진 이후에 머리를 다치면서 정신을 잃었고, 그 뒤에 후속 조치가 이뤄지지 않아 그대로 사망한 것이었다.

선빈의 죽음은 황망하기 짝이 없었다. 정신없이 장례식장에 가서 헌화하고 돌아서는데, 지쳐 보이는 선빈 어머님이 힘없이 머리를 숙이셨다. 영정사진 속 선빈은 사원증에 썼던 증명사진인 듯 단정하게 틀어 올린 머리와 살짝 미소를 짓는 얼굴이 장례식장과 어울리지 않게 생경했다. 아마 다리가 풀려서 바닥에 주저앉은 것은 그때일 것이다.

나는 그 뒤로 한동안 선빈의 죽음이 주는 충격에서 벗어날 수 없었다. 휴대폰 문자마저 정겹게 웃고 있는 이모티콘을 썼던 선빈을 머리에서 떨치기 어려웠다. 선빈의 친구들도 괴롭긴 마찬가지였다. 그녀들은 어린 나이에 친구의 황망한 죽음을 겪고, 오히려 나보다 더욱 현실로 돌아오기 힘들어했다.

사망자의 유일한 가까운 사람이었던 경우, 남겨진 이들은 자신도 홀로 남겨졌다는 고립감을 느낀다. 특히 1인 가구의 남겨진 가족이 적고, 그 가족이 다른 사람들과 연결된 관계가 부족할 경우 사회적 고립이 더 크게 느껴질 수 있다. 게다가 사망자가 자신에게 정서적으로 의존했던 존재였다면, 사망 후 그 공백을 메우기 어려워 더욱 큰 우울증을 겪을 수 있다. 이러한 감정들은 장기적으로 복합적인 애도 반응으로 이어진다.

영호 씨는 현재 은둔형 외톨이로 생활하고 있다. 집 안에서 게임에만 몰두하며 아픈 과거를 잊으려 하고, 사회에 나가 사람들과 어울리는 생활은 꿈도 꾸지 못한다. 사회와의 모든 교류가 차단되었고, 굳이 밖으로 나갈 필요성도 느끼지 않는다.

어린 시절, 어머니는 유난히 가정폭력이 심했던 아버지를 피해 집을 나갔고, 영호 씨는 힘든 유년 시절을 형의 보살핌으로 간신히 지탱하며 살아왔다. 형을 의지하며 살아왔던 그는, 일자리 사정으로 형과 멀리 떨어져 살며, 각자 서로를 애틋하게 응원하며 지냈다. 그러나 건설 현장에서 일하던 형이 사고로 중태에 빠졌고, 갑자기 세상을 떠나면서 영호 씨는 큰 충격을 받았다. 자신이 더 자주 형을 챙겼더라면, 그런 일이 발생하지 않았을 거라고 심하게 자책했다. 형이 사망한 것은 아무래도 자신 때문이라는 생각에서 벗어날 수 없었다. 형만을 의지하며 살았던 영호 씨는 자신은 이제 혼자라는 생각에 병원에서 치료받지 않으면 일상생활이 어려울 정도로 우울증이 깊어졌다.

고독사처럼 사망자의 발견이 늦어지는 경우, 남겨진 사람들은 사망의 과정에 대해 불안함을 느낀다. '그가 혼자 얼마나 힘들었을까?', '어떤 고통을 겪었을까?'와 같은 생각들이 불안과 무력감을 증폭시킨다. 예기치 않은 죽음에 대한 두려움도 함께 발생하며, 특히 중장년층은 자신도 고독사할 수 있다는 불안을 느낄 수 있다. 이는 노년층뿐만 아니라 청년층과 중장년층에게도 영향을 미칠 수 있으며, 사회적 관계에 대한 불안감을 강화한다.

몇 해 전 유명 원로가수가 집안 싱크대 앞에서 쓰러진 채로 사망해, 지인이 발견해서 신고한 사례가 있었다. 사망 직전까지도 왕성하게 방송활동을 했던 그녀라, 누구도 그녀의 갑작스러운 사망을 예상할 수 없었다. 그 사건이 방송과 뉴스에 나온 뒤, 갑자기 내 주변 지인들에게서 하소연이 터져 나왔다. 그 사건의 여파로 홀로 독립적인 생활을 잘 해왔던 시가나 본가의 부모님들이 며느리나, 딸에게 합가를 요구한다는 것이다. 혼자서 싱크대 앞에서 쓰러진 유명 원로가수의 모습이 자신에게 투영되어, 홀로 남는다는 것과 죽음에 대한 두려움이 너도나도 합가를 외치게 된 계기가 되었다. 지인들은 부모님의 고집에 가까운 제안을 거절한다면, 불효자라고 여겨질까 두렵지만 그렇다고 쉽게 동의하고 부모님을 모시다가 자신의 건강이 먼저 상할까 곤란한 마음이다. 한 지인은 자신의 나이도 60세가 넘었는데, 80대 후반인 연로하신 시부모님을 모실 수 없다고 말했다가 남편과 매일 불화를 겪고 있다. 자신도 노인이 되어가는데, 자신보다 더 노인인 부모님의 휠체어를 미는 상상을 하면 가슴이 답답해진다.

갑작스러운 죽음에 대해 주변 사람들은 사망자에 대한 분노를 느낄 수도 있다. '왜 도움을 요청하지 않았을까?', 또는 '왜 자신의 건강을 돌보지 않았을까?'와 같은 생각이 분노나 원망으로 나타난다. 또한 가족이나 친지 사이에서 책임감 문제로 갈등이 발생할 수 있으며, 이는 더 큰 정서적 부담으로 발전한다.

우리가 떠난 후 남겨진 사람들은 어떻게 나를 기억할까? 그들이 느낄 슬픔은 어느 정도일까? 이런 생각을 하다 보면, 나는 그들의 슬픔을 깊이 이해하려 노력하게 된다. 내가 죽은 후 남겨진 가족과 친구들이 겪을 슬픔은 어쩌면 내가 떠난다는 사실보다, 우리가 함께했던 순간들의 갑작스러운 중단에서 오는 상실감일 것이다.

죽음은 남겨진 자들에게 무언가가 '완전히 끝났다'라는 현실을 직면하게 만든다. 떠난 사람의 부재는 곧 그와의 대화, 웃음, 작은 다툼들조차 다시는 경험할 수 없다는 것을 의미한다. 그 빈자리가 너무도 크게 느껴져서 아마도 처음에는 그들이 현실을 받아들이지 못할 것이다. 주방에 있는 내가 쓰던 컵, 소파에 앉아있던 흔적, 그리고 우리의 마지막 대화는 마치 시간이 멈춘 듯 그 자리에 그대로 남아 있을 것이다. 그러나 나는 더 이상 그 자리에 없다는 것이 그들에게는 참기 힘든 사실일 것이다.

내가 떠나고 나면 그들은 아마도 더 많은 시간을 함께 보내지 못한 것을 후회할지도 모른다. '왜 그때 더 자주 연락하지 않았을까?', '왜 그때 그 말을 하지 못했을까?'라는 후회들이 그들의 마음을 짓누를지도 모른다. 시간은 그들이 슬픔을 서서히 이겨낼 수 있도록 도와줄 것이다. 처음엔 그저 눈물이 나고 공허함만 가득하겠지만, 시간이 지나면 그들도 내가 남긴 좋은 기억을 조금씩 떠올리게 될 것이다. 내가 그들에게 얼마나 중요한 존재였는지를, 그리고 우리가 함께 나눈 순간들이 얼마나 귀중했는지를 말이다. 슬픔이 가라앉으면서 우리 사이에 나눴던 따뜻한 기억들이 마음속에서 되살아나 나를 다시 그리워하게 될 것이다.

슬픔은 영원하지 않다. 나는 그들이 슬픔 속에서 평안을 찾기를 바란다. 내가 떠난 자리는 비어있을지 모르지만, 나는 그들의 기억 속에서 그들의 삶 속에서 계속 살아갈 것이다. 그들이 나를 생각할 때마다 그곳에 있을 것이고, 우리의 인연은 그렇게 이어질 것이다. 그래서 나는 그들이 슬퍼하되, 결국은 다시 삶의 기쁨을 찾기 바란다. 가끔은 그들이 내 부재에 적응해 가는 모습을 상상해 본다. 처음엔 고통스럽겠지만 그들이 나 없이도 나아가는 모습을 상상하는 것 자체가 위안이 된다. 나 없이도 그들이 행복해질 수 있다는 믿음은 내가 떠난 후에도 마음의 평안을 얻게 해 준다. 그들이 나를 추억하며 미소 지을 수 있기를, 그리고 내가 떠난 후에도 그들의 삶 속에서 나와의 기억이 힘이 되기를 간절히 바란다. 삶과 죽음은 그렇게 계속 이어지는 것 같다. 내가 떠났지만 그들은 여전히 나의 일부를 간직한 채 앞으로 나아가고, 나 또한 그들의 마음속에서 작은 빛으로 남아 그들의 여정에 동행하는 것이다.

죽음은 누구에게나 갑작스럽게 찾아올 수 있다. 하지만 남겨진 이들에게는 그 갑작스러움이 더 큰 상처가 된다. 내가 떠난 후에도 그들이 나를 기억하며 살아갈 수 있도록, 그리고 그들의 마음을 조금이라도 덜 아프게 만들기 위해 사전 준비를 해두는 것은 나 자신뿐 아니라, 그들에게 주는 마지막 선물이 될 것이다.

죽음을 준비하면서 내가 가장 먼저 떠올린 것은 그들에게 전할 마지막 인사였다. 내 목소리가 더 이상 그들의 귀에 닿을 수 없을 때, 나는 그들에게 어떤 말을 남기고 싶은가? 아마도 그건 단순한 이별의 말이 아니라, 고마움과 사랑의 표현일 것이다.

"나는 너를 사랑했고, 그 사랑은 내 삶을 풍요롭게 했다." 이런 말을 그들에게 전하는 것은 마지막 순간까지도 그들이 나를 기억하면서 내가 느꼈던 감정들을 다시 떠올리게 할 것이다. 우리의 관계는 끝나지 않았고, 내가 떠난 후에도 그들이 내 마음을 느낄 수 있기를 바란다. 마지막 인사는 결국 남겨진 사람들을 위한 것이며, 그들이 상실감 속에서도 나와의 관계를 이어갈 수 있는 작은 다리가 될 것이다.

기술이 발전한 오늘날, 우리는 목소리와 모습을 남기는 방법도 있다. 내가 직접 녹화한 영상 메시지는 그들에게 남기는 마지막 대화가 될 수 있다. 얼굴을 마주 보며 나눴던 그 수많은 대화처럼, 내가 떠난 후에도 그들은 내 목소리를 듣고 나의 표정을 볼 수 있을 것이다.

그 영상에서 그들이 앞으로도 행복하게 살아가기를 바라는 마음을 담아 이렇게 말하면 좋을 것이다. "너의 행복을 진심으로 바라며 이제 그 행복을 찾아가길 간절히 기도할게." 그들은 내 목소리를 들으며 나와의 마지막 순간을 다시 한번 느낄 수 있을 것이다. 영상은 그들과의 관계가 끝난 것이 아님을, 그들이 여전히 나를 기억할 수 있도록 도와주는 도구가 될 것이다.

내가 떠난 후 그들이 나를 기억하며 살아갈 수 있도록 사전 준비를 하는 것은 그들을 위한 마지막 배려이다. 이 배려는 단지 내가 떠난 후에도 그들의 마음속에 남고 싶어서가 아니다. 그들이 슬픔에 잠기지 않고, 나와의 추억 속에서 다시 생을 열정적으로 살아내길 바라는 마음 때문이다.

죽음은 끝이 아니다. 그것은 또 다른 형태의 시작이며, 우리는 남아 있는 사람들과의 인연을 이렇게 이어 나갈 수 있다.

죽는 것은 두렵지 않다.
가장 두려운 것은
제대로 살지 못하는 것이다.

– 빅토르 위고

7장

내 인생을 돌보는
엔딩 맵

엔딩 맵이
뭔가요?

'엔딩 맵'은 나의 마지막 여정을 계획하는 일종의 설계도이다. 엔딩 맵을 작성하다 보면, 이 작업이 결코 내 생의 마지막만을 설계하는 지도가 아니란 것을 깨달을 것이다. 이 작업은 남아 있는 내 삶의 태도와 방식을 결정한다.

40대의 은희 씨는 작년에 이혼하고, 지금은 1인 가구로서 생활하고 있다. 그녀는 40세가 넘어 비교적 늦은 결혼을 했고, 안타깝게도 성격 차이를 극복하지 못하고 아이가 없는 상태에서 이혼했다. 이혼 후 복잡했던 재산 분할을 거쳐, 지금은 오피스텔에서 거주하고 있으며, 남아 있는 친족으로는 요양원에서 생활하는 80대의 어머니와 가정을 이룬 남동생이 있다.

은희 씨는 엔딩 맵을 작성해 보고, 이혼으로 인해 생겼던 가벼운 우울증을 떨치고 구직활동을 해야겠다고 결심했다. 지나간 결혼 실패에 대해 더 이상 묶여있지 않고, 혼자 살아가는 방법에 대해 고민하게 되었다. 또한 홀로 주체적인 삶을 살기 위해 경력을 다시 쌓아야 한다는 필요를 느꼈다. 은희 씨는 자신이 세상을 떠난 후, 자신의 납골당에 다음과 같은 문구가 적혀있기를 바랐다.

'후회 없이 생에 대한 열정을 태운 은희, 나비가 되어 떠나다.'

은희 씨는 그 후 원래 가지고 있던 세무회계 자격증을 활용하여 작은 기업의 회계팀에 들어가게 되었고, 더 이상 혼자 사는 것에 대한 불안감은 느끼지 못할 정도로 활발한 사회생활을 하고 있다.

자, 이제 본격적으로 엔딩 맵을 작성해 보자.

나만의
엔딩 맵 만들기

1단계: 재정적 준비

엔딩 맵에서 제일 먼저 시작해야 할 부분은 현재 자산과 5년 후 계획 작성하기이다. 엔딩 맵에서 어쩌면 가장 실질적으로 중요한 부분일 수 있다. 경제적인 문제는 나의 심리적 환경에 큰 영향을 준다. 나의 현재 재정적 상태를 파악하고, 출발점이 어디인지 깨달아야 한다. 시점은 현재이고 가감 없이 나의 재정 상태를 적어보자. 그리고 5년 후에는 어떤 목표를 달성할 것인지도 적어보자.

현주 씨는 현재 50세, 1인 가구다. 직업은 간호사고, 지방에 5억짜리 아파트를 자가 소유하고 있고, 남은 대출금은 1억이다. 5년 후 퇴직 예정이고. 예상 퇴직금은 1억 5천만 원이다.

현주 씨의 재정 상태를 바탕으로, 5년 후 퇴직을 고려한 예상 재정 상태를 표로 정리해 보면 다음과 같다.

〈가정 조건〉

‒ 주택담보대출: 대출금리는 4%, 원리금 상환 방식, 10년간 상환

‒ 자동차 할부: 매달 30만 원, 12개월 후 상환 완료

‒ 퇴직금: 5년 후 퇴직금 1억 5천만 원

‒ 보험: 매달 30만 원 지출, 5년 후 만기 시 1억 원 수령

‒ 기타 지출: 생활비 200만 원, 예비비 30만 원, 부모님 용돈 50만 원

‒ 은행 예적금: 현재 3천만 원 보유

생명보험, 퇴직연금, 기타 금융 상품이 있다면 수익자를 미리 지정해 놓는 것이 중요하다. 사후에 본인의 의도에 따라 자산이 배분되도록 한다.

영미 씨는 독립한 성년 자녀가 1명 있는 48세의 공무원이

항목	현재 금액(원)	5년 후 예상 금액(원)	비고
순수 자산			
현금(수시 적금)	30,000,000		월 급여에서 남은 금액을 5년간 수시 적금으로 불입
부동산(아파트)	500,000,000	500,000,000	아파트 가격 변동 없음 가정
보험			5년 후 보험 만기 시
순수 자산 총액	530,000,000		
대출 및 부채			
주택담보대출	100,000,000	약 55,000,000	5년간 원리금 상환 후 대출 잔액 예상
자동차 할부	약 3,600,000	0	12개월 후 상환 완료
기타 부채	0	0	
부채 총액	103,600,000	약 55,000,000	
순자산	426,400,000		
퇴직금 예상		150,000,000	5년 후 퇴직 시 예상 퇴직금
총 순자산 (퇴직금 포함)			퇴직금 포함 시 예상 순자산
월 급여	6,250,000		세후 월급
고정 지출			
부모님 용돈	500,000		매달 부모님께 용돈 지급
생활비	2,000,000		매달 생활비 지출
예비비	300,000		매달 예비비 지출
자동차 할부	300,000		12개월 후 할부 상환 완료
보험료	300,000		매달 보험료 지출
월 지출 총액	3,400,000		

〈현주 씨의 재정 상태 및 5년 후 예상〉

고, 남편은 현재 무직으로 별거 상태가 10년 이상 지속되었
다. 남편의 외도가 끊이지 않았고, 가족 부양의 의지도 없어,
늘 힘든 결혼생활을 지속했다. 영미 씨는 본인 명의의 생명보

험에 가입할 때, 보험 수익자를 성년 자녀의 이름으로 해 두었다. 일반적으로 보험 수익자를 따로 지정하지 않으면 법정 상속인이 보험 수익자가 된다. 영미 씨는 자신이 갑자기 사고를 당했을 때, 남편이 1순위 보험 수익자가 되는 것을 막고 자녀가 직접적 혜택을 받기를 원했다.

사망 후 금융 자산에 대한 접근과 처리가 원활하도록 필요한 법적 문서를 준비해야 한다. 유언장 외에도 계좌, 투자 상품에 대한 권한을 명확히 지정해 두는 것이 좋다.

정희 씨는 엔딩 맵에 따라 임종을 설계하면서 자신이 갑작스럽게 의식을 잃었을 경우를 대비해, 자신이 가입한 모든 금융 상품의 종류와 비밀번호를 동생에게 알려주었다. 자신의 금융 자산을 동생에게 모두 오픈해야 한다는 부담감이 있었지만, 유언장 공증 등으로 사전에 불미스러운 일이 일어나지 않도록 법적인 대비를 했다.

2단계: 법적 준비

재정적 준비가 끝났다면, 내 상속재산이 제대로 집행될 수 있도록 법적인 준비도 철저히 해야 한다. 상속재산을 둘러싼 법정 다툼이 액수의 크기에 상관없이 늘어나고 있는 것을 보면, 나의 재산이 적더라도 남아 있는 사람들의 분쟁을 불러올 수 있다. 유언이 법적으로 올바르게 집행될 수 있도록 몇 가지 법률 지식을 알아보고 엔딩 맵에 적어보자.

〈사례 1〉

우성 씨(85세)는 많은 부동산을 소유한 재력가다. 아들 선호 사상이 심하여 60세의 장녀는 한 푼도 주지 않고, 58세의 아들에게 전 재산을 물려주기로 결심하였다. 그러나 주변의 이야기를 듣고 효도계약서를 미리 써두었는데, 우성 씨가 뇌경색으로 말이 어눌해지고 대소변을 못 가리자, 아들은 우성 씨를 소홀히 하였다. 우성 씨는 아들이 더 이상 자신을 돌보지 않는다는 것을 깨닫고 공증인을 세워 전 재산을 기부하겠다는 내용으로 유언장을 수정하였다. 유언장은 법적 요건을 갖추어 작성되었고, 재산을 둘러싼 긴 법정 공방이 시작되었다.

이런 사례는 현실에서 얼마든지 찾아볼 수 있다. 미리 재산을 한 자녀에게 몰아주고 부양받는 것을 약속했으나, 재산을 미리 약속받은 자녀는 상속인에 대해 의무와 신뢰를 저버린 경우다.

우성 씨가 아무리 한 자녀에게 재산을 몰아서 상속하겠다 하여도 사망 후, 법으로 보장된 최소 상속 금액이 있는데 이를 유류분 제도라고 한다. 자녀가 두 명만 있는 경우 원래 받을 상속 금액의 절반이 유류분이다. 우성 씨의 아들뿐 아니라, 남아선호사상에 의해 상속에서 배제된 딸도 유류분 반환 청구 소송을 통해, 법에서 정한 본인 몫의 유산을 따져 볼 수 있다.

〈사례 2〉

우영 씨는 아버지가 병원에 입원 중일 때, 전 재산을 지금 즉시 자신에게 증여한다는 아버지의 유언을 동영상으로 찍어 놓았으나, 해당 유언이 무효가 되자 다른 상속인들을 상대로 소송을 제기했다.

대법원은 동영상만으로 증여의 효력을 인정할 수 없다고 판단했다. 망인의 진정한 뜻이 무엇이었는지 알 수 없지만 결국 동영상 내용대로 재산을 분할 할 수 없는 상황이 된 것이다.

〈사례 3〉

지환 씨는 지병이 악화해 입원 중 반혼수 상태가 되었다. 그러자 장남은 공증인에게 지환 씨가 운영하는 법인의 주식은 자신에게, 부동산은 차남에게 상속한다는 내용의 유언 공정증서 작성을 의뢰했다. 초안을 작성한 공증인은 지환 씨가 입원 중인 병실에 증인 2인을 참석하게 한 후 작성한 유언증서 초안의 내용을 불러주면서 위 내용대로 상속 의사를 묻자, 지환 씨는 희미하게 고개를 끄덕거렸고, 장남이 지환 씨의 팔목을 붙잡아주어 유언증서의 유언자 칸에 서명하게 했다.

유언장의 효력을 인정받기 위해서는 법적인 요건을 준수해야 한다. 먼저 유류분을 고려한 상속으로 분쟁을 막고, 심신미약 상태에서 강압에 의한 의사결정이 이루어졌는지 살펴봐야 한다.

45세의 1인 가구인 민수 씨는 본인의 친구에게 절반의 재산을 물려주고, 나머지는 자선단체에 기부하고 싶다는 유언장을 작성했다. 그러나 구체적인 자선단체나 재산의 범위에 대한 설명이 부족했다.

민수 씨의 유언은 적법한 유언의 절차와 형식을 갖추지 못했다. 게다가, 법정 상속인이 아닌 사람에게 상속할 경우, 다툼의 여지가 있을 수 있다.

두 아들을 키우고 있는 준수 씨는 아내와 사별한 후, 딸 한 명을 키우고 있는 미선 씨와 재혼했다. 재혼 후, 준수 씨는 아버지의 재혼에 부정적이었던 두 아들과는 멀어졌다. 두 아들은 성인이 되자마자, 독립해서 나갔으며, 준수 씨는 그런 두 아들에게 일체 지원을 끊었다. 준수 씨는 갑자기 심장마비로 사망했고 생전에 작성했던 유언장에는 모든 재산을 부인인 미선 씨와 그 딸에게 남긴다고 작성했다. 장례식에서 이 사실을 알게 된 두 아들은 유류분 반환 청구 소송을 통해 본인들의 몫을 찾고자 했다.

드라마의 단골 소재로 자주 등장하는 이야기이다. 재혼한 아버지가 전처소생의 자녀에게 소홀하여 유산을 남겨주지 않으려고 하는 상황에서는 앞서 언급한 유류분 반환 청구 소송으로 자녀들의 권리를 찾을 수 있다.

3단계: 응급 상황 준비

반드시 응급 상황에서 연락할 수 있는 사람들의 리스트를 정리해 두어야 한다. 가족, 친구, 신뢰할 수 있는 이웃의 연락처를 쉽게 볼 수 있는 곳에 적어두자. 스마트폰에도 단축키로 설정해 두면 더욱 좋다. 가까운 병원, 119, 응급 서비스의 연락처는 잘 보이는 곳에 두고, 특히 혼자 있을 때 응급 상황이 생기면 바로 연락할 수 있도록 준비하는 게 중요하다. 그리고 이 연락처는 신뢰할 만한 사람과 늘 같이 공유하고 있어야 한다.

의외로 집안에서 각종 사고가 발생하므로 붕대, 소독약, 해열제, 진통제 등 기본적인 응급 처치 도구를 쉽게 접근할 수 있는 곳에 비치해 두자. 평소 복용하는 약이나 비상시 필요한 약을 정리해 두고, 누구든지 쉽게 찾을 수 있도록 정리해 두는 게 좋다. 본인의 건강 상태나 복용 중인 약물, 알레르기 정보를 적어두고 응급 상황 시 다른 사람들이 쉽게 확인할 수 있도록 준비하자. 스마트폰에 의료 정보나 알레르기 정보를 입력해 두거나, 스마트 워치 등의 기능을 활용해 미리 설정해 두면 응급 구조원이 빨리 대처할 수 있다.

지자체나 민간 기업에서 제공하는 1인 가구를 위한 안심 케어 서비스를 이용하면 주기적으로 안부를 확인받을 수 있어 좋다. 일정 시간 동안 연락이 없으면 자동으로 긴급 연락을 취하는 시스템도 있으니 도움을 받도록 하자.

스마트 도어벨, 스마트 워치, 보안 카메라, 자동화된 조명 및 가전 기기를 통해 위급 상황에 대응할 수 있다. 일부 기기는 응급 상황 발생 시 자동으로 응급 서비스에 연락하는 기능도 제공한다. 자주 사용하는 공간에 비상 버튼을 설치하면, 위급 상황 시 간편하게 도움을 요청할 수 있다.

혼자 생활하는 경우, 주기적으로 연락하는 사람이나 기관을 두는 것이 중요하다. 가족, 친구 혹은 지역 사회의 안부 확인 서비스 등을 통해 정기적으로 확인받을 수 있도록 계획하자. 1인 가구 인터뷰에 응했던 영균 씨와 같이, 주기적으로 택배를 배송받으며 택배 기사나 이웃이 문 앞에 쌓인 택배로 안위 여부를 파악할 수 있도록 하는 것도 방법이다. 또한, 가까운 이웃이나 지역 커뮤니티와의 관계를 형성해 두면 비상시 도움을 받을 수 있다. 혼자 살더라도 긴밀한 네트워크를 유지하는 것이 위급 상황에서 큰 도움이 될 수 있다.

혼자 죽음을
어떻게 준비해야 하는가?

오랜 친구 미경은 정말 멋진 여성이다. 대기업에서 초고속으로 승진하고 임원을 달았으며, 거느린 직원만 수백 명에 달한다. 막중한 책임감에 어깨가 무거울 법도 한데 명상으로 새벽을 시작하고, 근무가 끝나면 몇 시가 되었든 간에 트레드밀을 1시간씩 달리며, 스트레스와 건강 관리를 한다. 1주일에 한 번은 관련 종사자와의 저녁 모임에 참석해서 정보를 교류하고, 수시로 직원들과 점심을 먹으며 그들의 목소리를 듣는다. 취미로 달리기를 즐기며, 하프 마라톤도 종종 참가한다. 나를 비롯한 친구들은 모두 그녀를 응원하며, 우리에게 시간을 내주지 못해도, 그녀의 바쁜 삶을 이해한다. 그녀는 바쁜 사회

생활로 인해 자의 반 타의 반 비혼이 되었으며, 그녀도 우리도 비혼이 그녀의 단점이라고 전혀 생각하지 않았다. 그만큼 그녀의 사회적 성공은 우리의 자랑거리였다. 한강이 보이는 아파트에서 누가 봐도 성공한 삶을 살고 있다고 생각한 미경은 어느 날부터 친구들 사이에서 기피 대상이 되었다. 왜 이렇게 되었을까?

미경은 고급 주거단지에 살고 있고, 보안이 철저한 편이었다. 그러나 아파트 보안요원을 가장한 침입자에 의해 위험한 순간을 경험한 뒤, 혼자 살고 있다는 극도의 불안감에 시달리기 시작했다. 친구들은 그런 미경을 성심껏 위로했고, 그녀가 필요한 순간에 기꺼이 그녀의 집에 방문하기도 했다. 그러나 미경의 불안감은 잦아들지 않았고, 오히려 증폭되어 빈번한 전화 통화로 발전했다. 나를 포함한 친구들은 미경의 전화를 받고, 그녀의 불안감을 진정시키기 위해 노력했다. 그녀의 전화는 하소연으로 진화했고, 혼자 있는 순간이면 어김없이 친구들에게 전화해 자신의 불안감을 쏟아냈다.

"내가 뼈를 갈아 회사에서 승진했어도, 집에선 혼자 사는 중년의 여자일 뿐이야."

"내가 물을 틀고 나온 거 같은데, 집에 가서 확인해 줄 수 있어? 믿을 수 있는 사람이 없어."

"만약에 집에 혼자 있을 때 아프면, 한밤중이라도 날 병원에 데려다줄 수 있어?"

전화는 낮과 밤을 가리지 않았고, 친구들은 피로감을 느끼기 시작했다. 서서히 바쁘다는 핑계로 전화를 피하는 친구도 생겼다. 나는 매번 가능한 한 가서 도와주겠노라고 안심시키지만, 자동차를 몰고 아무리 빨리 운전하고 간들, 같은 서울 안에서도 이동하려면 1시간 족히 걸린다. 차라리 옆집 주민에게 부탁해 놓는 것이 안전에는 도움이 될 것이다. 참, 옆집 주민도 노년의 1인 가구일 수도 있으니, 어쩌면 내 친구 미경이가 그분께 도움이 되어야 할지도 모른다.

여기에 다른 친구, 은숙이 있다. 은숙은 공무원이다. 그녀는 특별히 가정을 꾸려야 할 필요를 느끼지 못해 자발적 비혼이 된 경우다. 그녀의 부모님은 모두 먼 지방에 계시고, 형제들도 모두 공공기관에 다니고 있어서 각기 다른 지방에 거주하고 있었다. 은숙은 빈손으로 시작했으나 오랜 공무원 생활 끝에 서울의 작은 아파트를 살 수 있었고, 늘 은행과 공동소유하고 있다고 우스갯소리로 말했다. 그녀는 칼퇴근이 어려운 직렬에서 일하고 있었고, 불규칙한 근무 상황에서도 취미생활은 꾸준히 했다. 그녀의 취미는 배드민턴이고, 그 외의 시간은 주로 동네를 산책하며 보냈다.

은숙은 배드민턴과 동네 산책에서 만난 이웃들이 의외로 1인 가구가 많다는 걸 알게 되었다. 그들과 오며 가며 인사를 하게 되었고, 은숙이 거주하고 있는 아파트에도 나이와 상관없이 홀로 가구를 구성하고 사는 사람들과 친분이 생겼다. 은숙은 그 중, IT 관련 프리랜서 동년배와 친해졌고, 응급 상황이 생기면 병원에 동행하기로 약속했다. 병원에 동행해 줄 수 있는 조력자를 구한 셈이다. 먹을거리나 나눌 수 있는 것이 생기면 서로의 아파트 문고리에 걸고 가는 일이 많아졌고, 매일 서로의 안부를 확인하는 안부 문자도 약속했다. 은숙은 그렇게 자신의 1인 가구 생활을 풍요롭게 발전시킬 친구이자, 동료이자, 파트너를 만들게 되었다.

현호 씨는 현재 이혼하고 1인 가구로 살고 있고, 자녀는 전부인이 양육하고 있다. 거주하고 있는 다세대 주택 주변 가게의 사장님들과 안면을 트고 안부를 나누고 있으며, 반상회 등 커뮤니티 활동에도 적극적으로 참여해서 자신을 알렸다. 혹시라도 자신이 안 보이면 고독사일 수도 있으니, 집에 찾아와 봐 달라며 농담 삼아 이야기하고 자신처럼 혼자 사는 사장님들과는 품앗이처럼 서로 밥은 먹고 지내는지 안부를 묻는 사이가 되었다. 혼자 사는 삶을 온전히 대비했다고 하기에는 부족하지만, 그래도 나름대로 안전망을 갖추려고 노력했다고 자부한다.

나이와 성별을 불문하고 1인 가구는 이제 사회의 대세가 되는 세대 형태가 된다. 게다가 한국은 그 어떤 나라보다도 빠르게 초고령사회에 진입하고 있다. 이 두 가지 현상만으로도 우리는 중장년층 1인 가구의 삶과 죽음에 주목해야 한다. 특히 고독사의 문제는 사회의 큰 이슈로 부상할 것이며, 이들의 노후와 죽음은 국가적으로 중대한 문제가 될 것이다.

내 친구 미경과 은숙, 그리고 현호 씨는 모두 사회의 구성원으로서 열심히 살아왔다. 단지 혼자 사는 삶을 선택한 것일 뿐인데, 삶의 형태가 다르다고 해서 그 결말까지 위태롭다면, 이는 사회구성원 전부의 책임이다. 이제 우리는 그들의 삶과 죽음에 주목하고, 복지의 사각지대에 존재하는 이들을 위한 사회 안전망을 구축할 때이다. 은숙은 개인의 연대에서 그 답을 찾았다. 자신과 같은 1인 가구 중, 뜻이 같은 이와 서로의 연대를 약속했다. 이는 국가가 해 내지 못한 공동체의 연대를 개인이 찾아낸 것과 같다.

코하우징의 형태로 공동주택을 선도하는 덴마크, 우리보다 먼저 초고령사회에 진입했던 일본의 사례를 보면서, 이제 한국의 새로운 해답과 해결 모형을 제시할 때이다. 이제는 두려움보다 먼저 자신의 엔딩 맵을 직접 설계해 보고 개인, 혹은 공동체의 연대 속에서 이것을 뿌리내리게 해야 한다. 1인 가구의 죽음을 더 이상 고독사라는 비참한 이름으로 방치해서는 안 된다.

　삶은 죽음을 전제로 지속되고, 인간은 드넓은 우주 속에서 부유하는 필멸의 먼지와 같다는 것을 깨달은 사람이라면, 이제 엔딩 맵을 작성해 보자. 죽음을 의식하고 사는 사람만이 삶이 더욱 풍요롭다는 것을 나는 믿는다.

엔딩 맵
활용하기

◆

국가에서 받을 수 있는
1인 가구 혜택

행정복지센터에서 1인 가구가 받을 수 있는 혜택은 생애주기별로 다양하게 제공되며, 대부분의 지원은 저소득층 1인 가구나 노인 1인 가구에 집중되어 있다.

가. 생계 및 주거 지원

1) 기초생활 보장제도

저소득 1인 가구는 생계급여, 의료급여, 주거급여 등의 지원을 받을 수 있다. 소득에 따라 지급되는 금액이 다르며, 자격 요건에 맞는지 행정복지센터에서 상담을 통해 확인할 수 있다.

2) 주거급여

월세나 주거비 부담을 줄이기 위해 저소득층 1인 가구를 대상으로 주거급여를 지원하고 있으므로, 주택의 임대료를 일정 부분 보조받을 수 있다.

나. 건강 관리 및 돌봄 서비스

1) 독거노인 돌봄 서비스

노인 1인 가구는 돌봄 서비스 대상이다. 이 서비스는 주기적인 방문 또는 전화 확인을 통해 노인의 안전과 건강을 관리하며, 생활 지원 및 정서적 지원도 제공하고 있다.

2) 지역 사회 통합돌봄 서비스

건강 관리가 필요한 1인 가구를 위해 건강 관리를 지원하는 돌봄 서비스를 제공한다. 자신의 주거지에서 필요한 의료와 돌봄을 제공하는 지역 맞춤형 서비스이다.

다. 복지 상담 및 지원 프로그램

1) 정서적 상담

1인 가구가 느낄 수 있는 외로움과 고립감을 해소하기 위해 심리 상담 서비스를 제공한다. 행정복지센터에서 상담 신청을 통해 전문가의 도움을 받을 수 있다.

2) 사회관계망 형성 프로그램

1인 가구를 위한 자기 계발 및 사회관계망 형성을 돕는 프로그램이 운영되고 있다. 청년, 중장년, 노년층 모두를 대상으로 다양한 활동과 교류를 지원한다.

라. 생활 안전 및 응급 지원

1) 응급 안전 알림 서비스: 노인이나 장애인 1인 가구는 가정에 응급 호출기를 설치해 위급 상황 발생 시 즉각적인 도움을 받을 수 있다. 화재, 낙상 등의 사고가 발생했을 때

자동으로 신고가 되는 시스템이 포함된다.

마. 에너지 및 통신 요금 지원

1) 에너지 바우처: 저소득층 1인 가구를 대상으로 전기, 도시 가스, 등유 등의 에너지 비용을 지원하는 바우처를 신청할 수 있다.

2) 통신 요금 감면: 저소득층 1인 가구는 휴대폰 통신 요금을 감면받을 수 있는 혜택이 있으며, 신청 자격을 확인한 후 주민센터에서 신청할 수 있다.

바. 일자리 및 경제적 자립 지원

1) 자활사업: 경제적 자립을 지원하는 자활사업에 참여하여 근로 기회를 제공받고 소득을 창출할 수 있다. 이는 저소 득층 1인 가구가 경제적으로 자립할 수 있도록 돕는 프로 그램이다.

내가 받을 수 있는
복지 혜택

가. 행복복지센터 방문

동 단위 행복복지센터는 가장 기본적인 정보 제공처이다.
자신이 거주하는 지역에서 제공하는 1인 가구 지원 프로
그램에 대해 행복복지센터에 방문하여 상담받을 수 있다.
복지 상담을 통해 개인의 상황에 맞는 맞춤형 혜택과 프로
그램을 추천받고 신청 절차도 도와준다.

나. 정부 공식 웹사이트

1) 복지로

복지 정책과 프로그램을 안내하는 복지로 웹사이트(www.
bokjiro.go.kr)에서는 자신이 받을 수 있는 복지 혜택을 손쉽
게 확인할 수 있다. 복지로 웹사이트에서는 소득, 건강, 주
거 등 다양한 조건에 맞는 혜택에 대해 검색이 가능하다.

2) 대한민국 정부 포털

대한민국 정부 포털(정부24 홈페이지, www.gov.kr)에서도 1인
가구 관련 정책과 지원 프로그램을 확인할 수 있다. 특히
정부에서 운영하는 돌봄 서비스, 주거 지원, 사회관계망
형성 프로그램 등을 검색할 수 있어서 매우 유용하다.

다. 지방자치단체 홈페이지

각 지역의 지방자치단체(예: 서울시, 부산시) 홈페이지를 통해
지역 맞춤형 1인 가구 지원 프로그램을 확인할 수 있다.
각 지자체는 1인 가구를 위한 주거 지원, 생활 지원, 사회

적 고립 예방 프로그램 등을 운영하며, 해당 홈페이지에서 상세 정보와 신청 방법이 자세하게 올라와 있다.

라. 복지 상담 전화 및 온라인 상담

복지 상담 전화를(국번 없이 129) 통해 직접 문의하면, 자신의 상황에 맞는 지원 프로그램에 대해 상세한 정보를 쉽게 제공받을 수 있다. 행복복지센터에 직접 방문하기 어렵다면, 복지로, 정부24, 지역 복지 센터 홈페이지 등에서 온라인 상담을 신청할 수 있다. 담당자가 직접 관련 정보를 제공해 주기 때문에 편리하고 정확하다.

마. SNS 및 커뮤니티 활용

SNS에서 1인 가구 지원 프로그램과 관련된 정보를 제공하는 공식 계정이나 커뮤니티 그룹을 팔로우하거나 참여할 수 있다. 예를 들어, 지방자치단체의 SNS 계정에서는 주기적으로 지원 프로그램 및 혜택 정보를 게시하기 때문에 수시로 찾아보면 유용하다.

◆ ◆ ◆
엔딩 맵 만들기

1. 재정적 준비

■ 순수자산

순수자산	현재 금액(원)	5년 후 예상 금액(원)	비고
현금 (수시입출금, 적금)			
부동산			
보험			
월세 수익			
주식			
자동차			
증여			
상속			
퇴직금			
국민연금			
정기적금			
해외여행 목적 적금			
순수자산 총액			

■ 순수부채

순수부채	현재 금액(원)	5년 후 예상 금액(원)	비고
주택담보대출			
자동차 할부			
개인차용			
마이너스 통장			
부채 총액			

■ 월 생활비 계산

월급실수령액	350만(원)		
고정생활비			
보험료			
예비비			
부모님 용돈			
주담대 대출상환금			
자동차 할부금			
해외여행 목적 적금			
순수 가처분 소득			

■ 보험 및 금융자산관리

보험수익자 지정	○○생명보험	○○○	
해외여행 목적 적금	○○생명보험	○○○	
금융 자산 관리 대리인 지정		○○○	위임 시 필요서류 준비

2. 법적 준비

■ 유언장 필수 조건 확인

유언장 종류	자필 유언장	주소, 날짜, 서명 확인	O
법적 판단 능력			O
증인 2명	○○○, ○○○	미성년자, 피성년후견인, 피한정후 견인, 유언으로 이익을 받을 사람, 배우자나 직계혈족 여부	×
법정 유류분 상속인 확인	오빠 ○○○, ○○○ 동생 ○○○, ○○○	유류분 고려	O
유언 집행자 지정	오빠 ○○○	사전 고지 및 위임 서류 준비	O

■ 유언장(예시)

유언장

1. 유언자 인적 사항

이름: _____   주민등록번호: _____

주소: _____

2. 유언의 내용

상속인: _____

상속재산 목록 1. _____ (예: 서울특별시 소재지의 아파트)

2. _____ (예금 5천만 원)

3. _____ (기타 자산)

3. 재산 분배 및 기타 지시 사항 상속재산은 다음과 같이 분배한다.

1. _____ (예: 아파트는 조카 ○○○에게 분배한다.)

2. _____ (예: 예금은 형제 ○○○에게 분배한다.)

3. _____ (기타 사항)

4. 특별 지시사항

_____

5. 작성 날짜

이 유언장은 나의 의사에 따라 자필로 작성된 것이며, 작성일은 다음과 같습니다.

작성일: ___ 년 ___ 월 ___ 일

6. 유언자의 서명

유언자: (본인의 자필 서명) _____

7. 증인 서명 (선택 사항)

증인 1: _____   증인 2: _____

본인의 의사대로 사후에 상속재산이 분할되기를 원한다면 제대로 된 유언이 필요하다. 유언장은 사망 후 재산을 어떻게 분배할지, 남겨진 사람들을 어떻게 도울지, 기타 중요한 사항들을 법적으로 명확히 남기는 중요한 문서다. 유언자는 재산, 부동산, 금융 자산 등 모든 소유물을 어떻게 처리할지 구체적으로 기재한다. 유언장은 특정 요건을 충족해야 법적 효력을 가지며, 유언장 없이 사망하면 상속법에 따라 법정 상속인이 상속받게 된다. 유언장을 작성하고 관리하는 것은 법적 분쟁을 방지하고, 본인의 의사를 확실하게 반영하는 데 필수적이다.

　유언서는 반드시 유언자가 자기 손으로 직접 작성하는 유언서로, 가장 간단한 유언 방식이다. 타인이 대신 작성하거나 컴퓨터로 작성한 경우는 무효다. 유언서 작성일을 명확히 기재해야 하고, 날짜가 없는 유언서는 법적으로 인정되지 않는다. 유언자의 서명이 포함되어야 하며, 서명 대신 도장이 찍힐 수도 있다. 유언 내용은 재산 분배 방식, 상속 대상 등을 구체적이고 명확히 기재해야 한다.

　요즘 젊은 세대는 손 글씨보다 컴퓨터 타이핑이 더 익숙하다고 한다. 그러나 컴퓨터나 타자기 또는 점자기를 이용해 작성한 유언은 자필증서로 인정하지 않는다. 대필도 마찬가지다. 자필증서에 의한 유언이 유효하기 위해서는 유언자가 유언서의 전문, 연월일, 주소, 성명을 직접 써야 한다. 유언자의 필적을 통해 개인적인 특성이 증명될 수 있다면 유언서의 위조나 변조를 막을 수 있으므로, 유언자가 직접 자필로 작성하도록 하는 것이다.

■ **유언장의 필수 요건**

유언장이 법적 효력을 가지기 위해서는 몇 가지 요건을 충족해야 한다.

(1) 유언 능력

유언을 작성할 때 유언자는 법적으로 유효한 판단 능력이 있어야 한다. 일반적으로 만 17세 이상이어야 하며, 정신적 장애나 질환이 없는 상태여야 한다.

(2) 유언의 자발성

유언은 유언자의 자발적인 의사에 의해 작성되어야 하며, 강압이나 협박이 있어서는 안 된다.

(3) 형식 요건

자필 유언장일 경우 반드시 본인이 직접 작성하고, 날짜와 서명이 명시되어야 한다. 공정증서 유언의 경우 공증인 앞에서 의사를 밝히고 증인 2명이 입회해야 한다.

■ 유언장에 포함해야 할 내용

(1) 유언자의 신원 정보

유언자의 이름, 주소, 생년월일 등 신원을 확인할 수 있는 정보를 기재해야 한다.

(2) 재산 분배 계획

본인이 소유한 재산(부동산, 금융 자산, 기타 자산 등)을 어떻게 분배할지 명확히 기재해야 한다. 수혜자(상속인)와 상속 비율, 구체적인 자산 항목을 구체적으로 명시해야 한다.

(3) 부채 처리 계획

유언자가 남긴 부채나 채무에 대해 어떻게 처리할지 명시해야 한다. 부채를 상속인들이 어떻게 부담할지, 또는 특정 재산을 사용해 상환할지 명확히 기재해야 한다.

(4) 유언 집행자 지정

유언의 내용을 집행할 유언 집행자를 지정해야 한다. 유언 집행자는 유언자가 사망한 후 법적 절차를 통해 유언 내용을 이행하는 사람으로 신뢰할 수 있는 사람이나 전문 변호사를 지정하는 것이 좋다.

■ 유언장 작성 시 고려할 사항

(1) 상속인과 수혜자의 권리

유언장에는 상속인 외에도 본인이 지정한 수혜자를 포함할 수 있다. 그러나 유류분을 고려해 상속인의 권리를 침해하지 않도록 해야 한다.

(2) 유언장의 효력 발생

당연히 유언의 효력은 유언자가 사망한 후에만 발생한다. 유언자가 생존해 있을 때는 유언의 내용이 실행되지 않는다. 유언 집행자가 유언에 따라 재산 분배, 부채 상환 등의 절차를 수행한다. 유언 집행자는 유언장에 명시된 사람이나 법원이 임명한 사람이 될 수 있다.

(3) 유언 변경

유언자는 유언이 효력을 발휘하기 전, 즉 살아있는 동안 언제든지 유언 내용을 변경할 수 있다. 유언 내용의 일부를 변경하고자 할 경우, 새로운 유언서를 작성하거나 기존 유언서를 수정하여 효력이 발생할 수 있다. 만약 이전 유언과 충돌하는 새로운 유언이 작성된 경우, 가장 최근에 작성된 유언이 법적으로 우선한다.

(4) 유언장이 없는 경우 (무/유언 상속)

유언장이 없는 경우 상속은 법률에 따라 자동으로 이루어지고, 법에서 정한 상속 순위에 따라 상속재산이 분배된다. 법정 상속 순위는 다음 표를 참고하자.

- 1순위: 직계비속(자녀, 손자), 배우자.
- 2순위: 직계존속(부모, 조부모), 배우자.
- 3순위: 형제자매.
- 4순위: 4촌 이내의 방계혈족.

상속인은 법적으로 일정한 순서에 따라 상속을 받게 되며, 상속인이 없는 경우 재산은 국가로 귀속될 수 있다.

■ 유언장을 작성할 때 주의할 점

(1) 법적 요건 준수

유언장은 법적 효력을 발휘하기 위해 각 유언 방식에 맞는 요건을 충족해야 한다. 특히, 자필 유언은 직접 작성하고 서명 및 날짜를 명시해야 하며, 공정증서 유언은 공증인을 통해 작성해야 한다.

(2) 유류분(필수 상속분)

유류분은 법정 상속인이 최소한 받을 수 있는 상속분이다. 유류분을 고려하지 않은 유언장은 법적 분쟁의 원인이 될 수 있다.

(3) 유언 집행자 지정

유언장은 본인의 유언을 집행할 집행자를 지정할 수 있다. 집행자는 유언자의 사망 후, 유언 내용을 따라 재산을 분배하고 관련 절차를 처리한다. 유언 집행자는 본인이 신뢰하는 사람이면 좋으며, 변호사나 전문가를 지정할 수도 있다.

(4) 증인의 결격사유
 - 미성년자
 - 피성년후견인과 피한정후견인
 - 유언으로 이익을 받을 사람, 그의 배우자와 직계혈족

(5) 변호사나 공증인 상담
유언장은 법적 문서이므로 변호사나 공증인의 도움을 받는 것이 좋다. 이를 통해 법적 분쟁을 예방하고, 유언의 효력을 확실히 보장할 수 있다.

(6) 주기적인 검토와 업데이트
유언장은 시간이 지나면서 상황이 변할 수 있으므로, 주기적으로 유언 내용을 검토하고 필요한 경우 업데이트해야 한다. 자산의 변동, 가족 구성원의 변화(혼인, 이혼, 출산 등)에 따라 유언을 수정하는 것이 필요할 수 있다.

- **유언장의 형식적 요건 정리**
  자필증서 유언: 유언자가 직접 손으로 작성하고, 날짜와 서명을 포함해야 함.
  공정증서 유언: 공증인이 작성하며, 증인 2명이 동석해야 함.
  비밀증서 유언: 유언서를 밀봉하고 공증인과 증인 2명이 확인해야 함.
  녹음 유언: 유언자가 직접 녹음하며, 증인 1명이 동석해야 함.
  구수증서 유언: 위급한 상황에서 증인 2명 앞에서 구두로 유언을 남김.

- **법적 요건 준수**
  유언장은 반드시 법적 요건을 충족해야 한다. 유언자의 서명, 날짜, 증인의
  참여 등 법에서 정한 절차를 따르지 않으면 무효가 될 수 있다.

- **유류분 고려**
  법적으로 유류분을 받을 권리가 있는 상속인이 있는 경우, 유언으로 유류분
  을 침해할 수 없다. 이를 고려하지 않은 유언장은 상속인들 간의 법적 분쟁
  을 일으킬 수 있다.

- **공증 권장**
  공정증서 유언은 가장 안전한 방법으로 내용이 분쟁의 소지가 있을 때 특히
  추천된다.

- **예외적인 상황 고려**
  법에서 정한 일정한 형식을 지켜 유언서를 만들어도 그것이 법률 효과를 발
  생시키는 내용이 아니라면 유언의 상대방에게 어떤 법적 강요를 할 수 없다.
  자식 등 대상자들의 합의에 따라 유언대로 처리할 수는 있으나, 한 명이라도
  반대하면 어떤 효력도 없다.

■ 유언장이 없는 경우

(1) 상속인이 명확한 경우

48세의 1인 가구인 수진 씨는 부모님이 생존해 있고, 형제도 2명 있다. 그녀는 사망했지만, 유언장을 작성하지 않았다. 유언장이 없는 경우, 상속은 법정 상속 순위에 따라 결정된다. 이 경우 수진의 부모가 1순위 상속인이며, 재산은 부모에게 균등하게 5대5 상속된다. 만약 부모가 모두 사망한 경우, 형제들이 다음 상속 순위로 재산을 나누어 상속받게 된다.

(2) 상속인이 없는 경우

55세의 1인 가구인 남준 씨는 가까운 친척이 없고 유언장도 남기지 않았다. 남준 씨는 사망 당시 상당한 재산을 보유하고 있었다. 상속인이 없는 경우, 남준 씨의 재산은 국가에 귀속된다. 이는 민법에 따른 상속인 부재 시의 처리 규정에 의거하며, 남준 씨의 재산은 국가가 관리하는 절차에 따라 처리된다. 만약 먼 친척이 나중에 상속을 주장하면 법적 절차에 따라 상속 여부가 결정될 수 있다.

49세의 1인 가구인 경수 씨는 많은 빚을 남기고 사망했다. 부채가 재산보다 많은 상황이다. 상속인은 상속받을지 포기할지 결정할 수 있다. 경수 씨의 가족이나 상속인은 상속 포기 절차를 통해 빚을 떠안지 않을 수 있다. 만약 상속받기로 결정하면 경수 씨의 재산은 부채 상환에 우선 사용되며, 남는 재산이 있는 경우에만 상속받게 된다.

3. 실질적 준비

■ 호스피스 서비스 문의

서비스 내용	○○호스피스 병원		○○호스피스 병원	
보호자 상주 가능 여부	○	온돌방		침대방
보호자 교대 가능 여부	2교대		3교대	
간병인 채용비용	×		○	1일 15만 원
입원 가능 호실	2인실		3인실	
60일 이후 강제 퇴원 여부	×	한 달 이내까지	○	60일 이후 퇴원의무
입원 준비 서류	진료 소견서		진료 소견서	
비용				

■ 사전연명의료 의향서 혹은 연명의료 계획서

홈페이지	국립연명의료관리기관(https://lst.go.kr)
대표번호	1855-0075

연명치료 결정 확인되지 않으면 → 환자 가족 2인 이상의 진술 → 확인되지 않으면 → 환자 가족 전체의 합의 필요
★ 현행법상, 친족의 동의가 없으면 사전연명 치료를 중단할 수 없다는 점을 기억하자.

■ 장기 기증

국립장기조직혈액관리원	www.konos.go.kr	02-2628-3602
한국 장기조직 기증원	www.koda1458.kr	1544-0606
국민건강보험공단	www.nhis.or.kr	1577-1000

■ 장례 계획

장례 종류	병원 장례식장	가족장
장례 형태	전통식	종교에 따라
장례 일수	3일	1일
부고 알림	지인 모두	4촌 이내 가족만
부의금	○	×
수의	비단, 무명, 삼베, 한지 중 택1	평소 아끼는 옷
관	오동나무	소나무
영정사진	매해 생일날 촬영	평소 사진 사용
꽃	중급	소량
액자	중급	하급
화장 유무	가족 선산 매장	화장 후 납골당 안치

▪ 유품 정리

이름	남길 것	나눠 줄 것	기부할 것	버릴 것
옷				
그릇				
전자제품				
가구				
기타				

▪ 내 의료 정보 기록

병명	치료병원	처방약 이름	처방 주기	마지막 처방
갑상선 기능저하증	○○ 병원	신지로이드	3개월	2023.10.21
고혈압				
고지혈증			.	
당뇨병				

▪ 응급 의료기관 연락처

기관명	전화번호	스마트폰 단축키
119	119	1
○○ 병원 응급실	02-1234-5678	4
△△ 병원 응급실	02-4321-8765	5

▪ 비상 연락처

성명	전화번호	스마트폰 단축키
딸		2
친구		3
옆집 이웃		4

■ 나의 마지막에 남기고 싶은 말(혹은 묘비명)

예시) 한결같이 사랑하고, 끝까지 배웠다 / 별이 되어, 다시 빛나다

■ 내 삶을 뒤돌아보며 정리하는 말

(자신이 살아온 삶을 되돌아보며 성취한 것들, 소중한 관계, 의미 있는 순간들에 대해 기록하고 죽음에 대한 두려움, 슬픔 등을 담담히 서술)

■ 감사 마음 나누기

성명	전하고 싶은 감사의 메시지
○○에게	
△△님에게	

■ 사랑하는 사람들과 관계 정리하기

성명	전하고 싶은 화해와 용서의 메시지
○○에게	
△△님에게	

■ 영상 메시지 준비하기

시각	영상 분량(스마트폰)
2024년 10월 21일 12:00	3분(좋은 날씨에 관한 감사함, 혹은 주변 사람들에 관한 감사함)
2024년 10월 28일 14:00	2분(통증에 대한 불편함 혹은 전하고 싶은 말 중 빠진 내용)

행복한 나의 미래를 돌보는 엔딩 맵

혼자 죽는 준비를
단단히 해야 합니다

초판 1쇄 인쇄 | 2025년 4월 17일
초판 1쇄 발행 | 2025년 4월 25일

지은이 　　 | 서윤미
펴낸이 　　 | 전준석
펴낸곳 　　 | 시크릿하우스
주소 　　　 | 서울특별시 마포구 독막로3길 51, 402호
대표전화 　 | 02-6339-0117
팩스 　　　 | 02-304-9122
이메일 　　 | secret@jstone.biz
블로그 　　 | blog.naver.com/jstone2018
페이스북 　 | @secrethouse2018
인스타그램 | @secrethouse_book
출판등록 　 | 2018년 10월 1일 제2019-000001호

© 서윤미, 2025

ISBN 979-11-94522-10-2 03330